李白醉了

蔡　静◎著

孔學堂書局

图书在版编目（CIP）数据

李白醉了 / 蔡静著. -- 贵阳 ： 孔学堂书局， 2025.
3. -- ISBN 978-7-80770-620-5

Ⅰ. K825.6

中国国家版本馆 CIP 数据核字第 2025D68B68 号

李白醉了　蔡静　著

LIBAI ZUILE

责任编辑：黄文华
书籍设计：壹品尚唐
责任印制：张　莹

出版发行：贵州日报当代融媒体集团
孔学堂书局
地　　址：贵阳市乌当区大坡路 26 号
印　　刷：三河市金兆印刷装订有限公司
开　　本：710mm×1000mm　1/16
字　　数：204 千字
印　　张：15
版　　次：2025 年 3 月第 1 版
印　　次：2025 年 3 月第 1 次
书　　号：ISBN 978-7-80770-620-5
定　　价：68.00 元

前言

PREFACE

从中国第一部诗歌总集《诗经》开始，文学就以其独特的方式，为灿烂辉煌的华夏文明绘上了一道亮丽的色彩。

先秦散文，两汉辞赋，大唐诗歌，宋词元曲，明清小说，每个时期在文学样式上都有其独到之处，成为各自时代文学天空中别样的亮色。

在恢宏雍容的唐朝，诗歌是最为盛行的表达方式。从“初唐四杰”到以李白、杜甫为代表的盛唐诗人，直至晚唐，在长达近 300 年的时光流转中，唐朝的大诗人们从热爱出发，秉志趣之笔，一代又一代接力，书写了那个时代的辉煌绚烂。

站在岁月的彼岸，遥望千年之前的唐代，呈现在我们眼前的是诗歌创作领域的全面爆发与空前繁荣。一位位耳熟能详的诗人，一首首脍炙人口的诗歌，从我们的眼前闪过：李白的浪漫，杜甫的沉郁，陈子昂的悲怆，李商隐的绮丽……诗人们夺目的才华和个性鲜明的人格魅力，成为华丽大唐最好的风韵注脚。

在唐朝灿若星河的诗人群体中，李白无疑是诗坛“扛鼎式”的人物。他以瑰丽跌宕的笔姿，和同时期的杜甫一起，成了盛唐最为引人注目的“双子星座”。

李白或许就是为诗歌而生的，他用笔下的诗记录了一个时代的音与影。他生于盛唐的前夜，终于“安史之乱”后的动荡时期，亲眼见证了大唐由盛而衰的转折。当“开元盛世”繁花似锦的大幕落下，千里河山一片空寂时，前后巨大反差下的凄凉与落寞，让本就充满文人感性的李白，更有恍如隔世之感。

李白是幸运的，他的大半生都沐浴在盛唐的光辉中，那个自由、包容、热烈而又奔放的时代，成就了后世无法复制的诗仙。

李白又是不幸的，他穷尽一生都在为自己的理想而奔波，然而，在冰冷的现实面前，他只能将满腔的理想与抱负寄托于美酒和山水。我们看到的是其“斗酒诗百篇”的潇洒，却很难体悟他大志难伸的悲凉心境。“天生我材必有用，千金散尽还复来”，何尝不是他怀才不遇时的放声高歌呢？

李白在并不漫长的一生中，脚下跋涉的是人生的南北之路，笔下书写的是大唐的光影画面。在命运的起起落落、浮浮沉沉中，一首首传唱千古的诗作从他柔软的笔尖宣泄而出，如飞瀑泻石，又似玉珠击盘，每一个字符，都跳动着铿锵的音节。

李白留存后世的诗篇，或抒发内心的喜悦，或感慨年华的易逝，或宣泄老友相逢的快意，或诉说人生失意的孤独，他从来不在意世人的眼光，只是笔走龙蛇，有感而发，只为一吐胸中的块垒。

本书以李白的人生经历为线索，穿插他在不同人生阶段创作的诗歌，力图还原和描摹一个有悲有喜、有笑有泪、恣意人生、纵酒高歌的李白，赋予其鲜活与灵动的形象。打开书，一位携着“人生得意须尽欢，莫使金樽空对月”的洒脱狂放之姿的诗人，从盛唐的喧嚣浮世中缓缓向我们走来。

目录

CONTENTS

第一章

小小天才少年……01

第二章

在逆境中成长……39

第三章

艰难的求职之路……73

第四章

别了，长安……107

第五章

宦海风云……131

第六章

闲云野鹤……159

第七章

遭逢乱世……181

第八章

身陷囹圄……201

第九章

一代传奇谢幕……217

第一章
小小天才少年

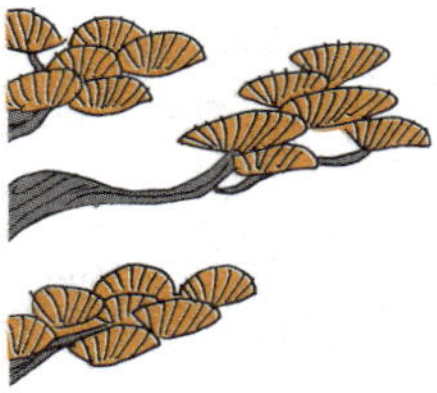

强汉盛唐，中国历史上两大强盛的封建王朝，封狼居胥，开通丝绸之路，君臣的文治武功给中华民族生生不息的伟大民族精神打上了深深的烙印。

说到气势恢宏的大唐，大家的第一印象是什么呢？

“唐诗”这个可爱的小精灵，在文字的虚空中奋力呐喊：“是我，肯定是我，我才是大唐当之无愧的文化符号，你们可别选错了！”

没错，提到大唐，唐诗会在第一时间蹦到人们的脑海里，一串串文字如跳动的音符，清晰可见。

“离离原上草，一岁一枯荣。野火烧不尽，春风吹又生”“床前明月光，疑是地上霜”“两个黄鹂鸣翠柳，一行白鹭上青天”“不知细叶谁裁出，二月春风似剪刀”……

从我们进行启蒙的第一天起，唐诗就成了我们必背的文学内容。念啊念，背呀背，唐诗陪伴了我们整个童年时光。

唐诗为什么那么优秀？它好在什么地方呢？它好在精悍凝练，内涵丰富，文意隽永，读起来朗朗上口，口齿生香。

身边有位同学高考全市第一，其他人看了，自然会羡慕嫉妒，有人忍不住酸溜溜地说："这小子不错，肚子里有点儿墨水，这一次撞大运了。"

可是唐朝诗人却会文绉绉地形容说："春风得意马蹄疾，一日看尽长安花。"

喜欢上了一名异性，心乱如麻，辗转反侧，夜不能寐，如果给对方写封信，该怎么表达呢?

唐朝诗人摇头轻笑，这也太简单了，轻松拿捏，看我的，随后挥笔写出"玲珑骰子安红豆，入骨相思知不知"的优美诗句，文采斐然，打动心上人绝对没问题。

这就是唐诗，中国众多文学体裁的一种。唐诗集合了韵律美、文采美、意蕴美以及画面美等几大元素，读着有味道，花开成诗，花落成诗，不服不行。

正因如此，唐朝被称为诗歌的国度、诗人的天下。诗，让大唐蒙上了一层浪漫的色彩，多了一分温情，时隔千年，后人依然能够感受到来自大唐诗人的那股暖意。

大唐的诗人们也很勤奋，像花园里勤劳的小蜜蜂一样，他们不停地写呀写，又是开笔会、朗诵会，又是举办各种文学大奖赛，给后世留下了无数的诗歌佳作。仅《全唐诗》收录的唐人诗歌作品，就有近

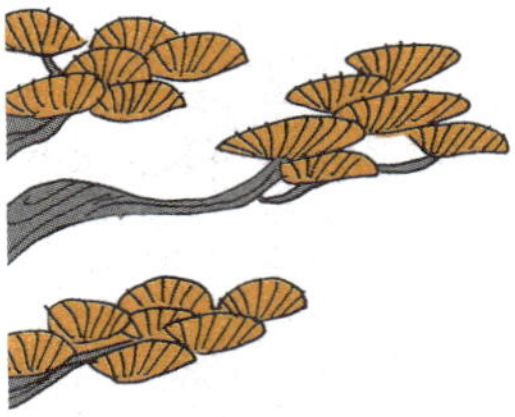

五万首。

唐诗数量多不说，质量还非常好。翻开《唐诗三百首》，首首是精品，篇篇都出彩，好读易记，每一首都传诵不衰，千百年来，受到莘莘学子的喜爱。

如果穿越时空隧道，回到大唐，说自己是读书人，却写不出一首好诗，肯定会被当时的人们耻笑说：“不会写诗的文化人，还配叫作读书人吗？别丢我们大唐人的脸了！”

轻轻松松一句话，就会让你恨不得找一个地缝钻进去。读书人不会写诗，在唐朝就是一个笑话。

唐诗之花为什么在大唐能娇艳盛开呢？这主要是因为大唐有自由开放、活跃包容的社会氛围，有肥沃的“土壤”。

大唐盛世，从“贞观之治”到“开元盛世”，上百年的经济大发展，让民众的物质生活水平得到了极大的提高。吃着美食写写诗，这就是当时那些文艺青年的幸福生活。

正因如此，在大唐广阔的文学天空中，诗，是最耀眼的存在；诗人，

李客：儿子，低调些，谦虚没有错。
大唐诗坛
李白：大唐诗坛，我是扛旗手，少了我，大唐文学的星空就会暗淡很多。
李白

宛如暗夜苍穹中的繁星，他们用心中的思，手中的笔，笔下的诗，照亮了那个时代。

行走在大唐，到外可见文采飞扬的大诗人，比如，以王勃、杨炯、卢照邻、骆宾王“初唐四杰”为代表的初唐诗人，以李白、杜甫、张九龄、王维、孟浩然、贺知章、王之涣等人为代表的盛唐诗人，以柳宗元、白居易、孟郊、韩愈、李贺、刘禹锡等人为代表的中唐诗人，还有以李商隐、温庭筠、杜牧等人为代表的晚唐诗人……

在大唐将近三百年的时间里，这些优秀的诗人如璀璨的群星横亘于夜空，让大唐文学的天空充满了迷人的色彩。

那么，谁有资格成为大唐诗人的“领军人物”呢？也许每个人心里都会有一个心仪的人选，认为自己喜爱的某诗人应当位列其中，但谈到领军人物这个话题，想必李白是当之无愧的人选之一。

李白为什么能够入选？看一看、读一读李白的诗就知道了。“飞流直下三千尺，疑是银河落九天”“天生我材必有用，千金散尽还复来”“仰天大笑出门去，我辈岂是蓬蒿人”“君不见黄河之水天上来，奔流到海不复回”……

随便一首，都充满了浪漫洒脱的色彩及深刻的人生哲理，引人深思，令人遐想无限。李白，注定是大唐诗坛的那个“扛旗人”。

好了，接下来，我们有请小小少年李白出场，简单做一下介绍。

李白的祖上非常显赫，他祖上是凉武昭王李暠，也被叫作兴圣皇帝，是十六国时期西凉的君主。

十六国是中国历史上的一段大分裂时期，在那时，虽然西凉国不大，存在感不强，但李暠好歹当过“一把手”，曾经君临天下。

李白是李暠的九世孙，算得上皇族后人。李暠的祖上，再往前推，依然非常牛，他的祖上是西汉时期的“飞将军”李广。

在李姓后代中，还有几个名气很大的同宗。最有出息的一个，就是建立唐朝的李渊，这位唐高祖也是李暠的后人。

在李暠之后，几百年过去了，李白和李渊的关系虽然远了点儿，不过也能攀上一点儿亲戚关系，毕竟血缘关系在那儿摆着。

不得不说，老李家的基因就是强大，后代一个比一个牛，要武能武，要文能文。

当李渊还是隋朝时期的世家公子时，李白的祖上就因为犯了错误，被发配到西域一处名叫素叶城（碎叶城）的地方，和都城长安远隔万里，一路上吃了不少苦头。

唐朝建立后，到了李白老爸李客的时候，喝不惯西北风的他，带着一家老小跑到了蜀郡绵州昌隆县（今四川江油市青莲镇），在这里定居了下来。

李白的老爸为什么叫李客呢？这名字听起来有点儿奇怪。有人推测，李客祖辈在素叶城（碎叶城）生活了多年，后来他带领一家老小返回内地。或许因为客居异乡，他心生感慨，便改名叫李客。

名字只是一个代号，就叫李客好了，反正李白的老爸在这方面觉得挺无所谓的。

至于李客在改名以前叫什么，李客没有说过，李白不知道，史学家也就不得而知了。

李客一家来到青莲乡后，以耕读传家。他闲暇时种种地，养养花，读读书，朝看晨花，暮看落霞，妻子温柔贤惠，一家人其乐融融，小日子过得清闲自在。

公元701年早春的一天，李客的妻子从梦中醒来，她没有像往常一样梳妆洗漱，而是呆呆地坐着。

“今天怎么不做饭了？我还等着喝豆腐脑呢！”李客一面对妻子开玩笑，一面动手为妻子准备早饭。

妻子身怀六甲，平日里李客对她关怀备至，盼望着她能生出一个白胖小子。

“不孝有三，无后为大。”在当时的社会环境中，李客难免受到儒家传统思想的影响。

“夫君，我昨天做了一个奇怪的梦，就是不知道说出来还灵不灵了。”妻子一脸忐忑地望着丈夫。

“只要不是噩梦就行，只管说，咱不信这个。”李客鼓励着妻子。

“我梦见长庚星掉进了我的怀里，躲都躲不及。你读书多，看看是不是好兆头。”

长庚星，又叫太白金星，是距离月亮最近的一颗星，民间有着“伴月星”的说法。

听了妻子的话，李客心里一动，觉得这是个好兆头。他安慰妻子别担心，家务活都交给他去做，接着就欢欢喜喜地哼着歌去做早餐了。

一天后，一个粉嘟嘟、白胖胖的小男孩呱呱坠地，哭声嘹亮。

想起妻子之前说的话，李客连字典都没翻，直接给儿子取名李白，字太白。“太白”正是太白金星对李客的启示。

李白，这位震古烁今的唐朝大诗人，就这样在阳光明媚的春日里，来到了多姿多彩的人世间。

一转眼，李白就从一个咿呀学语的婴儿，成长为一名虎头虎脑、活泼可爱的儿童。

青莲乡风景俊秀，青山叠翠，溪水潺潺，绿树环村，蝶飞燕舞。优美的大自然风光，如一股清泉，滋润着小李白稚嫩的心灵，丰富了他的内心世界。

后来，李白以“青莲居士”为号，免费做家乡的形象代言人，也是对这段童年时光最好的回忆。

小李白想象力非常丰富，脑袋瓜里装满了各种奇妙的想法，每每语出惊人。

有时候，妈妈抱着小李白，一脸温柔地给他讲自古流传下来的各类神话传说，如夸父追日、女娲补天、牛郎织女等等。

妈妈讲完了，小李白眨了眨眼睛，歪着头思索了一下，突然说：“妈妈，你说神仙平时照不照镜子呢？虽然他们不食人间烟火，但总要梳头洗脸对吧？不然没法子出门了。”

妈妈被问得哑然失笑，无言以对，她反问儿子：“你觉得他们有镜

李白妈妈：他爸，咱家孩子不得了，脑洞奇大，我看着像是生了一个天才。
李客：咱家的基因好，我诗词歌赋样样精通，看来这孩子随我。

子吗？”

“当然有了，妈妈你看天上的月亮，又大又圆，亮晶晶、明晃晃的，它就是神仙的镜子。”

妈妈笑了，点着李白的小脑袋说：“你呀，脑子里净是稀奇古怪的想法，都可以去讲学了！”

看着儿子乖巧可爱，一天天长大，老爸李客也是满肚子高兴。他四处寻找原材料，费了好几天工夫，终于将做好的“桑弧蓬矢”挂在了房门口。

小李白见了，奇怪地问："老爸，你挂这个有什么用？模样看起来怪怪的。"

李客趁机给小李白做科普："桑弧，是指用桑木做的弓；蓬矢，指的是用蓬梗做的箭。这是辈辈相传的风俗，寓意好男儿志在四方，长大成人后能报效朝廷，成为国家的栋梁之材。"

"原来是弓箭啊，这个我喜欢，有时间老爸你一定要教我弯弓射箭啊，说不定我还能成为一名统率千军万马的大将军呢！"李白伶牙俐齿地说出了自己的心愿。

李客只能苦笑，他可不想儿子学武，只希望儿子能够好好读书学习，考个进士，当个状元什么的，让他这个老爸扬眉吐气，也能在乡亲们面前吹吹牛。

自己完不成的心愿，就把希望寄托在下一代的身上，这几乎是天下所有父母的共同点。

李客文武双全，才华出众，只是出于种种原因，他只能在乡间隐居。郁郁不得志的他，常常觉得心里面好像压了一块沉甸甸的石头。

有时，李客晚上睡不着，就取出自己珍藏的宝剑，在院子里迎着月光挥舞，以宣泄内心的忧愤。

有一次，李客舞剑正到兴头上时，身后突然传来一阵轻轻的鼓掌声。

李客吓了一跳，这大半夜的，谁在暗中偷看他练剑呢？回头一看，原来是儿子李白。

"老爸，你太棒了，真的太厉害了，帅帅的，我好崇拜你！"小李白因为兴奋，小脸通红。

在儿子面前，李客赶忙表现出谦虚的态度，说："老了，身子骨不利索了，练练剑，活动一下筋骨。"

"老爸，你一身好武艺别失传啊，有时间教教我，我不是笨小孩，保证能学会。"小李白一脸期待地望着爸爸。

"不行，你的任务是好好读书，学到了知识，肚子里有墨水，才能治国安邦，名垂青史。"李客也不客气，一口回绝了小李白的请求。

小李白心态好，不气馁，既然老爸不愿教，他可以偷学呀，反正天天守在老爸的身边，老爸也跑不掉。

就这样，李客练剑时，小李白就偷偷躲在一旁观摩，努力将一招一式牢记于心。还别说，几年下来，小李白竟然学得有模有样，打下了一定的剑术基础。

小李白偷偷练剑的事情，最终还是被老爸给发现了。李客看着儿子舞动手中的长剑，上下翻飞，一板一眼，认认真真，也就笑着走开了。

能不能成为剑客没关系，至少可以强身健体，让他有一副好身板。

在成年李白的诗作里，"练剑"的字眼比比皆是，比如这首《结客少年场行》。

紫燕黄金瞳，啾啾摇绿鬃。

平明相驰逐，结客洛门东。

少年学剑术，凌轹白猿公。

珠袍曳锦带，匕首插吴鸿。

由来万夫勇，挟此生雄风。
托交从剧孟，买醉入新丰。
笑尽一杯酒，杀人都市中。
羞道易水寒，从令日贯虹。
燕丹事不立，虚没秦帝宫。
舞阳死灰人，安可与成功？

李白的这首诗，用了很多历史典故，读起来气势磅礴，荡气回肠，侠义之风跃然纸上，何尝不是受到童年时期跟随父亲练剑的影响呢？

说到写诗，李白自小就表现出超高的文学天赋，堪称“小神童”。

有一年的春天，春风融融，落日熔金，李客和妻子坐在院子里闲聊。

看到周遭春和景明，百花盛开，好久没有作诗的李客也不由得诗兴大发。他手捻胡须沉思了片刻，轻声吟诵道：“春国送暖百花开，迎春绽金它先来。”

“好诗！”小李白的妈妈用倾慕的目光看向丈夫，随后也忍不住吟诵了一句：“火烧叶林红霞落。”

看来小李白的妈妈也是一个大才女，别看平时不显山、不露水，到了需要一展才华的时候，也是文思泉涌。

不远处，小李白正在一株李树下独自玩耍，听到老爸、老妈展开诗歌创作大赛，他被吸引得抬起头，来了兴致。

他抬头望了望头顶上的李树，树上繁花点点，洁白如雪，微风吹过，树摇花落，芳香满园。

情景交融下，小李白不假思索，脱口而出："李花怒放一树白。"

"李花怒放一树白。"老爸李客的眼里闪现出一丝惊喜，他不敢相信，年仅几岁的儿子竟然能吟出这样的诗句。整首诗的意境和格调，有了小李白最后的这一句，一下子就提升了。确实是妙手天成，令人惊叹。

"不得了，我的儿子小小年纪，竟然会写诗了。"

李客把目光投向小李白，妻子也用不可思议的眼光看向小李白，他们夫妇苦心思索出来的诗句，加起来也比不上"李花怒放一树白"一半的意蕴，比不上，真的比不上，差距太大了。

什么是神童？天赋起着绝对的主导作用，这也就是高手和天才的区别，不是单凭努力和阅历就能赶得上的。

比小李白早出生约六十年的骆宾王，在七岁的时候写出"鹅，鹅，鹅，曲项向天歌。白毛浮绿水，红掌拨清波"的诗句，一时间名动四方，被誉为"小神童"。

当然骆宾王也不负众望，长大后的他，依旧是诗坛高手，成为初唐诗坛的引路人和宗师级人物，最终和王勃、卢照邻、杨炯并称为"初唐四杰"，这就是天赋的加持。

小李白也是如此。不得不说李家的基因的确非常优秀，老爸、老妈都富有文采，内在基因的传续，潜移默化的家教熏陶，让小小年纪的李白就能出口成章，语惊四座。

一颗小小的种子种下后，最终能否成长为一株参天大树呢？老爸李客也拿不准，他用欣喜的眼光打量着眼前可爱的儿子，但也有些忐忑不安。

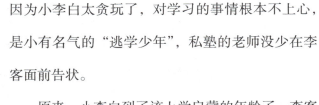

因为小李白太贪玩了，对学习的事情根本不上心，是小有名气的“逃学少年”，私塾的老师没少在李客面前告状。

原来，小李白到了该上学启蒙的年龄了，李客高高兴兴地将儿子送到私塾老师的面前，说这孩子脑子聪明、反应快，只要老师用心教，肯定是一个读书的好苗子。李客信心满满，毕竟儿子的天赋在那儿摆着，他的智商绝对超出同龄孩子一大截。

很快，李客便发现自己的牛吹得有点儿早了。每天，小李白都被强行送到学堂，按到书桌前。

可读不了两页书，一转眼的工夫，小李白就趁着私塾老师不注意，悄悄溜出去玩了。

逮蛐蛐，捉蚂蚱，钓小鱼，在小李白童年的世界里，天真烂漫、自由自在才是生活的主题。至于读书写文章，早就被他抛到九霄云外去了。

玩耍，在大自然里尽情地玩耍，开开心心的，多好。学习嘛，太烧脑了，没意思。

李客和妻子：咱俩这智商，加起来好像也赶不上咱儿子。
李白：别客气，请叫我小神童。

私塾老师颤颤巍巍地跑来告状，说自己老眼昏花，实在看管不好小李白，让他这个当爸的多费费心，适当管教一下。

临走时，老师丢下一句话："玩可以，别天天玩，不然我这个老师也教不好李白。"

太打脸了，多伤面子啊！李客还想着儿子期末考试考第一，拿一张奖状回来呢！这下好了，儿子竟是"逃学大王"，真令人哭笑不得。

为了管教儿子，李客也费了不少精力，先是哄，后是骂，还天天抽空给儿子开展思想教育，把古时候刻苦读书的榜样人物的故事一股脑儿搬出来，一个一个讲给李白听。

什么凿壁偷光，什么囊萤映雪，什么头悬梁、锥刺股，老爸讲得口干舌燥，儿子却油盐不进，当面表态要好好学，转过头又嘻嘻哈哈地跑出去疯玩，累了就回来倒头大睡。

什么管教都不见效果，李客有点儿束手无策了。他苦恼的是，一个人哪怕有再好的天赋、再出众的才华，在应该学习的年龄荒废了学业，很快就会变得和普通人没有什么区别了。

可是李客有什么办法呢？儿子主观上不想学，自己总不能把书本上的知识掰碎了强行喂给儿子吧？他就是有这个想法也做不到。

老爸每日愁眉苦脸，小李白却每天兴高采烈。把自己的快乐建立在老爸的痛苦之上，小李白别提多开心了，和老爸躲猫猫的日子太好玩了。

这一天，小李白像往常一样，填饱了肚子，一路哼着小曲，从家里偷跑出来，溜溜达达来到了村边的小河旁。

小河弯弯，流水潺潺，清澈见底的河水奔流不息，流向未知的远方，时不时有小小的鱼儿调皮地跃出水面，一个转身，又沉入水底，激起一朵朵小小的浪花。

河岸的两旁，绿草如茵，翠柳摇摆，各种不知名的野花争奇斗艳，点缀着这幅优美的乡村画卷。

小李白原本想要捉几只蝴蝶玩，只是今天这些小精灵们好像突然约好了一般，一个个藏了起来不见踪影。他无聊地将目光向远处逡巡，突然看到不远处有一个老婆婆正在河边忙碌着。

“老婆婆在干什么呢？”小李白的好奇心被勾了起来，他迈着轻快的脚步，走到近前察看。

走到老婆婆的身边，小李白突然呆住了，他睁大眼睛，不敢相信自己看到的场景。

他原以为，老婆婆无非是在洗菜、洗衣服，谁知道老婆婆手中却拿着一根大铁棒，在河边的青石板上用力地磨来磨去。

小李白估量了一下铁棒的粗细，和他的手臂不相上下。“老婆婆这是要做什么？难道是无聊地磨铁棒玩吗？这难道是什么好玩的游戏？太奇怪了，不行，我得问个清楚，不然晚上就睡不香了。”想到这里，小李白轻咳了一声，客客气气地询问道：“老奶奶，那个啥，你这是在干什么呢？”

老婆婆抬起头，看到身边站立着一个眉清目秀的小少年，她不由慈祥地笑了起来，脸上的皱纹都挤在了一起。

“我在磨铁棒呀，最近家里面缺了一根绣花针，我准备将这根铁棒磨成绣花针。”老婆婆一五一十说出了事情的原委。

小李白简直不敢相信自己的耳朵，他惊讶地张大了嘴巴，上上下下又重新打量了老婆婆一番，接着又看向青石板上那根粗大的铁棒，心里反复琢磨，总觉得这件事情不是那么靠谱，这么粗的铁棒磨成针，要磨到猴年马月了。

但是老婆婆神情认真，不像是在开玩笑，依旧一脸专注地拿着铁棒用力地在石板上来回打磨。

“老奶奶，我看你别费力气了，这要是能磨成绣花针，除非太阳从西边出来，还是花钱买一根针用吧！没钱的话，我这里有零花钱可以借给你。”小李白同情心泛滥，可怜老婆婆糊涂了，还是劝她早点收手，别干傻事吧。

老婆婆看了一眼小李白，一边继续用力

地磨着铁棒，一边认真地回答说："孩子，你不懂，只要功夫深，铁杵磨成针。"

"只要功夫深，铁杵磨成针。"小李白静静地站着，脑海里反复琢磨着这句话的意思，脸上的笑容渐渐凝固了。

"我明白了，我明白了！"小李白突然像是着了魔一般，手舞足蹈地一边喊着，一边飞快地跑回村子里。

李白：老奶奶没发烧吧？有这工夫买一根绣花针不就行了？
老婆婆：这孩子不爱学习，今天我得好好教育他一番。

小李白明白了什么呢？其实很简单，老婆婆用“铁杵磨成针”的方式告诉他，无论做什么事情，一定要拿出恒心和毅力，坚持，再坚持，沉下心来认认真真去做，踏踏实实付诸行动，其他的事都交给时间，相信一定有开花结果的那一天。

坚持，也唯有坚持，才是使一个人梦想之花开放的最坚实的力量。大禹治水，三过家门而不入。正是他矢志不移地坚持信念，才有了万川东流、河清海晏的万世太平。

做事如此，学习也是如此，天下事莫不如此。

小李白本就有着极深的慧根，聪明伶俐，一点就透。老婆婆哪里是在磨针啊？她是在用一种无声的方式，教授小李白做人做事的道理。

老婆婆的话有如醍醐灌顶，那一刻，小李白真的懂了，他为自己曾经荒废学业的行为感到脸红。

从此以后，书香浸润的课堂上，多了一个伏案学习、努力读书的身影，他就是小李白。从前那个爱逃课的少年，如今成了一位勤思爱问的好学生。

“孺子可教，孺子可教！”私塾老师捻着花白的胡须，乐呵呵地笑了。这才是天才少年小李白应该有的样子，爱学，愿意学，也肯定能学好。

老爸李客也为儿子的变化感到惊喜，他习惯性紧皱的眉头也舒展开了，“望子成龙”有希望了，每天心里自然也都是美滋滋的。

在书声琅琅的学堂上，知识如一股股清泉在小李白的心田中流淌着、滋润着，悄无声息地使小李白向着羽化成蝶的方向走下去，最终走出了一位恢宏大气、浪漫多姿的大诗人。

一转眼，小李白已经十六七岁了，他褪去了孩童时代的童真稚气，成长为一位风度翩翩的少年。

腹有诗书气自华。多年的刻苦攻读，使李白的修养和气度也有了很大的提升。这一切，老爸李客看在眼里，喜在心头。

有一次，李客的家里来了一位朋友，对方和李客是老相识，远道而来。李客不仅热情款待对方，还将对方留在家里，一住就是一个多月。

一开始，李白对老爸的这位客人，并没有给予太多的关注，他只是好奇对方从什么地方来、有没有好听的故事。这一时期的少年李白，正处在无比渴望了解外面世界的成长期，他的心早已不在这小小的青莲乡了。

一来二去，李白和客人熟悉了。几番交谈之后，一扇新世界的大门向李白缓缓打开了。

从这位客人生动有趣的描述中，李白第一次听说了京都长安的繁华。在这座当时世界上首屈一指的国际性大都市中，有热热闹闹的商业街，也有戏曲、杂技、茶肆、酒楼等各种各样的文娱场所，民众的日常生活也多姿多彩。这就是大唐盛世，人们的物质生活和精神生活如此地丰富充实，有滋有味。

不仅如此，这位客人走南闯北，见多识广，还娓娓道出各种各样的故事：惊心动魄的玄武门之变；王勃看望父亲途经南昌，泼墨成文写下《滕王阁序》的精彩故事；骆宾王冲冠一怒，写下荡气回肠的《为徐敬业讨武曌檄》……

所有这些，都像一块块磁铁，将李白深深吸引住了。

“长安那么繁华，东都洛阳呢？是不是也像长安那样富庶热闹呢？”李白睁大好奇的眼睛，迫切地想从客人口中找到自己想要的答案。

“没错，洛阳是我们唐朝的陪都，规模建制和繁华程度，一点儿也不逊色于京都长安，尤其是洛阳牡丹，更是冠绝天下。”客人谈到洛阳，也是一脸的向往之情。

李白的心海被客人的话语彻底搅动了，他恨不

得肋生双翅，直上九霄，翱翔于大地之间，看尽世间的喧闹与繁华。

世界那么大，我想去看看！李白的心早就飞到了京城长安。

“当然了，我表达能力有限，外面的世界比我讲述的要精彩得多，如果有机会，你一定要去看看那更为广阔的天地，它一定不会让你失望。”

仗剑天涯，云游四方，李白的脸上露出无限向往的神情。他穷尽自己的想象力去想象外面的世界，只是想象和现实之间还隔着远远的距离，所有的繁

华与美好必须眼见为实才行。

凡是相聚，总有分别的时候。父亲的客人也到了该告辞的时候了，李白虽然有万般恋恋不舍，但也只得红着眼睛，和老爸李客一起送别客人。

临行前，客人拉着李白的手，对李客说道："李兄，这一段时间多有打扰，万分致歉！我观令郎文采飞扬，抱负远大，将来必定能成为人中龙凤，可喜可贺！"

客人一席话，夸得李白脸都红了。这位客人要是知道小时候的他是远近闻名的"逃学少年"，不知道还会不会这样夸赞了。

客人走了，李白的心都空了，他静静地望着远方，那里有无数未知的精彩在等着他，他想去外面的世界，去走一走，看一看。

李白的心灵里，一直潜藏着狂放不羁、崇尚天性自由的基因。这些深埋在心灵深处的暗涌潜流，对日后李白诗歌的创作，产生了深远的影响。

从他流传后世的无数诗篇中，我们读出了诗人蕴藏在字里行间的洒脱随性、快意畅然、酣畅淋漓。

"老爸，我想去外面的世界看一看，读万卷书，行万里路，大丈夫理应如此。"

李客都快笑出声了，小小年纪的李白，竟然敢以大丈夫自居，这口气可真不小。

"行，只要你愿意，老爸无条件支持你！咱家的经济基础还不错。"望着眼前这个个头儿几乎已与自己一般高的儿子，李客的心里也清楚，好男儿志在四方，小小的鸟笼困不住想要展翅高飞的雄鹰，是时候让儿子去闯荡一番了。

有了老爸的支持，李白的信心更足了。他简单收拾了一下，手提包裹，腰挎长剑，开始了仗剑四方的游学之旅。

走出了青莲乡，李白一时迷茫了，偌大的世界，他该往何处去呢？是左是右，李白有点儿举棋不定。

“没地图不方便，出远门会迷路，不如先在附近的州县转一转，积累了丰富的旅行经验，我再向长安出发，争取做一名合格的‘西漂’。”

打定了主意的李白，先是在周围的江油、剑阁、梓州等地云游，虽然风餐露宿，一路风尘，但李白乐此不疲，因为他看到了比青莲乡更大的世界。

游历了几个月后，李白听说戴天山那里有很多隐士高人，心生向往，便直奔戴天山而去。

戴天山位于今天的四川绵阳，山上有一座大明寺，李白和住持商量了之后，就在大明寺落脚。他一边静下心来攻读诗书，一边抽出时间拜访圣贤大哲。

有一次，李白听说山中有一位道士修为高深，学问渊博，于是，他连早饭都没顾上吃，兴致勃勃地一大早就出发了。

不巧的是，当李白翻山越岭、气喘吁吁地赶到道士居住的地方时，道士外出云游了。没有提前预约的李白，扑了一个空。

见不到人没关系，沿途风景美不胜收，就写首诗纪念一下吧。很快，

《访戴天山道士不遇》这首诗就新鲜出炉了。

犬吠水声中，桃花带雨浓。
树深时见鹿，溪午不闻钟。
野竹分青霭，飞泉挂碧峰。
无人知所去，愁倚两三松。

李白写诗善于寓情于景，情景交融。一路走来，水声潺潺，犬吠声声，娇艳的桃花上，晶莹的露珠折射着太阳的光辉，摇摇欲坠。

山坳处，可爱的小鹿乱窜，茂林修竹间飞瀑倾泻而下，真是人间仙境，好一处世外桃源。唯一让人有些遗憾的是，寻访的道士不见踪影。然而，既然已经到了这里，那就放下这份小小的遗憾，尽情欣赏眼前的美景吧！

乐观的人总是能够做到自我开导，山川湖海，俯拾皆是风景，没有什么可以影响到李白波澜不惊的心境。

当然，这一时期李白的诗篇，正像他这时的年纪一般，还略显稚嫩和拘谨，没能完全放开，缺少一丝奔放洒脱的意境。等读到他的“天生我材必有用，千金散尽还复来”“仰天大笑出门去，我辈岂是蓬蒿人”这些后期的诗句时，我们会更加迷恋诗人热烈狂放、洒脱随性的风姿。

这才是真实的李白，大唐浪漫主义诗人的“扛旗大哥”。

十七八岁的年纪，是一个人的世界观、人生观和价值观形成的重要时期，李白选择辞别双亲游学四方，正是想在提升眼界和扩展心胸之时，磨砺和塑造自己的“三观”。

他需要成熟，需要长大。大唐诗坛的星空中，也需要一位个性鲜明、特立独行的宗师级人物。

幸好，在合适的时间、合适的地点，李白遇到了合适的人，一位对他的人生发展有着重要影响力的人物——赵蕤。

赵蕤是大唐才子，诗词文章冠绝一时，只是仕途不太顺利，他多次参加科举考试，次次名落孙山，始终没能混上一官半职。

宝宝心累，宝宝不哭！立志报国的赵蕤失望了，再次科举失利后，赵蕤突然想通了，一定是主考官有眼无珠，让我这颗明珠蒙尘，算了，累了就不考了，回乡隐居去。

赵蕤一怒之下，拂袖而去，回到梓州隐居避世，当了一名田舍翁。他每日种田养花，闲暇时著书立说，过上了陶渊明那般“采菊东篱下，悠然见南山”的田园生活。

赵蕤科举不第，不能被国家所用。皇上听说了赵蕤的大才后，不由得急了，这样的优秀人才怎么能浪费呢？

不行，考不上进士没关系，还有其他渠道可以做官。在皇上的催促下，朝廷多次主动向赵蕤伸出“橄榄枝”，邀请他出山为官，为大唐的社会建设出一份力，发一份光。

年轻时候的赵蕤热衷功名，渴望出将入相，做出一番惊天动地的成就来。只是经历了岁月沧桑后，人到中年的赵蕤看开了，也看淡了，他婉言谢绝了朝廷的美意，依旧过着逍遥自在、无拘无束的田园生活。

赵蕤抵制住了诱惑，遵从了内心的召唤，决定做自己，在滚滚红尘

中活出真正的自我。

有官不做，面对皇上征召也敢一笑而过，博学多才、随心所欲的赵蕤，高雅的名声不胫而走。他很快成了人人崇拜的对象，铁杆粉丝一大堆。

李白也是赵蕤的“小迷弟”，他听到赵蕤的生平事迹之后，顿时心生向往，仰慕万分，立即收拾行李，一路小跑来到了赵蕤隐居的地方。

向高人学习才能更快、更好地成长，李白明白这个浅显的道理，他期盼得到名师的指点，而赵蕤，正是上天送给他最好的“礼物”。

李白兴致勃勃地来到赵蕤家，一进院子，就被眼前的场景吓了一大跳。放眼望去，满院都是各种各样、五颜六色的鸟儿，鹦鹉、喜鹊、画眉，叫得上名的，叫不上名的，可谓群鸟毕集，应有尽有。

赵蕤：主考官一定眼瞎了，我这么高的才华，偏偏考不上。哼，回家种地去。

这些小精灵看到有陌生人拜访，一只只跳跃鸣叫，院子里顿时喧嚣一片，叽叽喳喳，仿佛在举行一场盛大的音乐会一般，莺啼鹂啭，热闹非凡。

这是到了百鸟园吧？李白好奇地打量着眼前的一切。伴随着此起彼伏的鸟鸣声，赵蕤从屋子里快步走出，和李白迎面相遇。

在梓州的这座院子里，开元盛世时期久负盛名的大才子，大唐未来的诗坛大腕，两位出类拔萃的大师级人物，就在一个明媚的午后相遇。他们身前

皇帝：考不上没关系，还有其他门路可以试一试。

身后，群鸟环绕，鸟儿们翩翩起舞，自由来去，两人宛如身在远离尘世的仙境。

李白抢步上前，躬身施礼。赵蕤则盛情相待，他亲切地一把拉住李白的手，端详着眼前这位少年。见李白剑眉星目、俊朗飘逸，他不由心生欢喜。凭借自己丰富的人生阅历，赵蕤一眼便看出李白胸藏丘壑，前途不可限量。

李白也为赵蕤的学识和风度所折服，两人一见如故。虽然年龄上有差距，但这并不妨碍他们成为可以在精神世界里产生共鸣的忘年之交。

就这样，见到了偶像的李白，直接就在赵蕤家住了下来。他每天跟着赵蕤学习各种文化知识，从天文到地理，从历史到诗词歌赋。而喜欢李白的赵蕤，自然倾囊相授，恨不得将自己的平生所学全部教授给李白。

李白也非常喜欢这种恬淡随性的生活。早上他可以一觉睡到自然醒，养养花，喂喂鸟，然后再跟着先生读书学习。每天都过得既充实又悠然自得。

一天，李白和赵蕤对坐饮酒，聊到了兴头上，李白谈到了考进士、做官的话题。

李白好奇地问赵蕤说："先生大才，学识渊博，获朝廷赏识，为什么不出山为官呢？如果是我，肯定要试一试。学得屠龙术，卖与帝王家，一展抱负多好。"

赵蕤举着酒杯的手停在了半空中，他笑意吟吟地望着李白，说："当官自然不错，十年寒窗苦读，科举及第后能够世人皆知，从此锦衣玉食，荣华富贵。可是当官也有很多弊端，你知道吗？"

李白想不到先生会反问自己，顿时愣住了。他阅历和见识尚浅，显然还不能回答这样有深度的问题。他只好静静地看向赵蕤，期待老师尽快给出答案。

“一入公门深似海！当了官以后，不论以前你多么随性洒脱，到了官场上，你都不得不谨慎小心，如临深渊，如履薄冰。到了那时，你少年时满腔的激情和抱负，很多时候都会在尔虞我诈的岁月中，被冰冷的现实击碎。”

李白听了，尴尬地挠了挠头，笑着说：“先生，咱们先不说当官的事，仅是一个进士，就让多少学子白了头，五经背得滚瓜烂熟，也不一定能考得上。反正让我去考，估计就是去凑人数。”

说话间，一只乖巧的画眉飞到了李白的肩膀上。李白伸手将它捉在手中，爱怜地轻轻抚摸着，继续说道：“先生，您也了解我的性格，正像这只画眉一样，喜欢自由自在、随心所欲。让我死记硬背那些经史子集，我可记不住。再说了，我家世代经商，科举上也有限制，除了科举，有没有其他方式可以做官呢？”

少年李白，此时还对未来充满无限的遐想。和年轻时的赵蕤一样，他希望能步入官场，得到皇上的赏识，尽情施展平生抱负。

赵蕤是过来人，自然理解李白的心情，小伙子这是上进啊！积极进取、昂扬向上，是少年应有的天性，不然就变得死气沉沉、老气横秋了。

赵蕤不但理解李白，而且从李白身上看到了年轻时候的自己。

“不想参加科举考试也不是没办法，如果有机会，你可以和朝中的公卿权贵结交。只要你有一定的才华，得到他们的赏识，在这些人的推荐下，一样也可以鱼跃龙门！”

在唐朝，科举考试刚刚兴起，灵活多样，没有后世那么呆板。学子们想要做官，不是只能经过科举这座独木桥，变通一下，其他路径也行得通。

换句话说，这时只要一个人胆子大一些、脸皮厚一些，毛遂自荐也能有机会做官。

当然，毛遂自荐并不是说空着手上门，平白无故让人家认可你，你得有拿得出手的东西。

什么东西呢？其实也不是多难的事情，土特产不要，金银珠宝不用，满腹才华就可以。

如果平时写了很多诗，看看哪些是自己较为得意的，直接抄写在一个本子上。然后找到那些王公贵族，只要能够得到他们的夸奖并由他们推荐给皇上，美言几句，事情几乎就成了。

简单来说，就是如果哪位学子感觉自己是写诗小能手，有真才实学，又担心没人赏识，那没关系，拿着诗作上门就可以。

就说惊喜不惊喜，意外不意外，刺激不刺激吧？只要诗写得好，生活就会充满无限的美好。

关于自荐的事情，大唐诗人王维就搞过这事儿。当年他作为一个毛头小伙来到京城后，内心忐忑，寝食不安，发现有才华、有关系、有门路的学子太多了，他一个乡下青年，该怎么做才能脱颖而出呢？

一番打听后，王维打听到了门路：只要会写诗就行。通过毛遂自荐的方式，找一个过硬的靠山，其他事情就不用管了。

王维听了，喜笑颜开。写诗这事他太拿手了，用六个字来形容：这事儿他专业。

二话不说，王维翻箱倒柜，直接拿着精挑细选的得意之作找到太平公主。

太平公主看了后很满意，看出王维是一个有才的小青年。于是，她直截了当地告诉王维，年轻人别担心，只管吃好睡好，一切包在她的身上。

有太平公主做后盾，皇上也要让三分，王维的仕途之路自然顺风顺水。

直接找人情托关系，为什么唐王朝有这样“奇葩”的做官途径呢？

主要还在于唐朝的皇帝们，一个个都是“诗歌迷”。

从唐太宗到唐玄宗，唐朝的皇帝们不仅会写诗，爱写诗，一个个还都是精通“诗词歌赋”的高手。

比如，唐太宗这位“马上皇帝”，不单单擅长上阵冲锋，也是一位写诗的行家里手。他创作的《赐萧瑀》，就成了流传后世的佳作。

> 疾风知劲草，板荡识诚臣。
>
> 勇夫安识义，智者必怀仁。

其中“疾风知劲草，板荡识诚臣”两句，意思是说，在猛烈的大风中，才能看出哪种草是强劲的；在动荡不安的年代，才能识别出忠诚的臣子。也就是说，要想看清一个人的人品，需要经过时间的考验，经过时间的沉淀，好人、坏人就会一

唐玄宗：老祖宗威武，咱要向太爷爷学习。

目了然。千百年来，这一句话无形中成为知人、识人的至理名言。

唐玄宗也是一位妥妥的“文学达人”，“朋友圈”里有很多都是“诗坛圣手”。他们没事喝喝酒，聊聊诗，颇有文学范儿。

一句话，在大唐，会写诗就是一块厚实的“敲门砖”。拥有众多粉丝，在哪儿都能吃得开，上至达官贵人，下至贩夫走卒，人们都会对其高看一眼。

赵蕤的一番解释，让李白算是彻底放下心来，不走科举独木桥，也不是没有升迁的途径，一样可以功成名就。他这个不爱背诵儒家经典的“差学生”，终于可以长舒一口气了。

李白跟随赵蕤学习了长达一年多的时间。在这期间，赵蕤不仅将自己的平生所学传授给他，还教他做人、做事的道理。赵蕤的人品学识，对李白有着深远的影响。

多年以后，当李白回忆起这段难忘的师徒共处的时光时，他在《留别广陵诸公》一诗中这样写道：“忆昔作少年，结交赵与燕。金羁络骏马，锦带横龙泉。寸心无疑事，所向非徒然。”

结交大哲圣贤，身佩宝剑云游四方，意气风发的少年李白，从大唐的深处缓缓走了出来。

第二章
在逆境中成长

蜀僧抱绿绮，西下峨嵋峰。
为我一挥手，如听万壑松。
客心洗流水，余响入霜钟。
不觉碧山暮，秋云暗几重。

这是李白的一首诗，名叫《听蜀僧濬弹琴》，写作这首诗的时候，李白二十岁上下。

时间是伟大的，在岁月的打磨下，李白已经从一位翩翩少年，成长为一位意气风发的青年才俊。游学生涯，开阔了李白的眼界，丰富了他的见识，滋养了他无处不在的想象力。他真正成长起来了，也更加渴望去看一看更为广阔的世界。

他从家乡出发，向更远的未知探索，途中与一名来自峨眉山的僧人相遇。僧人乐技高超，乐曲弹得令人心旷神怡，回味无穷。

此时的大唐，也正如万壑松涛一样，经济繁荣，国力蒸蒸日上，民众安居乐业，整个社会都处于一种昂扬向上的氛围之中。

大唐经过百余年的发展，来到了被人津津乐道的盛唐阶段。

意气风发的李白，也似如日中天的盛唐一般，内心充满了出人头地、建功立业的万丈豪情。鲜衣怒马的他，带着梦想的种子来到了繁花似锦的成都。

成都，我来了！我播撒着希望的种子，期待它花开满园。

当时的成都，是剑南道大都督府的所在地，沃野千里，人烟稠密，人杰地灵，有着“天府之国”的美誉。

同为文学爱好者的缘故，李白在未来成都之前，早已对从这里走出去的大文学家司马相如倾慕万分。

西汉时期，司马相如以《上林赋》《子虚赋》《大人赋》等文章名动天下，这也使他得到了汉武帝的赏识，从一介布衣一步登天，使他实现了人生的华丽蜕变。

背景相似，爱好相同，才气相若，李白不知道成都这个地方能不能给自己带来好运气，让他复制司马相如的成功。

当李白站在成都的街头，他恍然若梦，好似刘姥姥进了大观园一样。放眼望去，成都街头人流如织，酒楼店铺鳞次栉比，长街小巷错落有致，叫卖声此起彼伏，热闹非凡。

这是一个繁华的世界，这是一片奇异的土壤，这也是一个梦想开始的地方。

从青莲乡到江油，从梓州到成都，李白再一次感受到了眼界开阔的重要意义。向上吧！向阳吧！前方更为宽广的新世界大门，正徐徐打开，欢迎他这个背负远大理想的青年。

李白一到成都的地界，就听到了一个令他兴奋的消息：益州大都督府新来了一名长史，这人是朝廷的礼部尚书苏颋。

苏颋是当时的大才子，十九岁就进士及第。进入朝廷后，苏颋展露出了非凡的才华。他略微思索就能脱口而出一篇文章，旁边负责记录的人都跟不上，只能请求他语速慢一点儿。

厉害！这文思，连朝廷的速记员都甘拜下风。

平日里，苏颋为人正直，没事就喜欢给皇帝挑刺儿，最后把皇帝惹得生气了。如今，表面上看，他是来益州做官，实际上是一种变相的被发配。

李白自然不知道里面的内情，他只是听说苏颋来益州做官，顿时喜笑颜开。李白很想和苏颋攀上关系，有了这样的靠山，他以后不就能结识更多的权贵了吗？

说干就干，李白是积极的行动派，他把自己打扮得帅帅的，还拿出几首他认为最得意的作品，兴冲冲地直奔苏颋落脚的驿站而来。

苏颋看了李白的文章后，很是满意，觉得小伙子果然有两下子，笔头硬、文笔好，妥妥的青年才俊，于是忙把李白请进大堂，亲自接见了他。

两人一见面，苏颋就竖起大拇指夸赞李白长得帅气不说，还年轻有为，一肚子才华，前途不可限量，堪称唐代翻版的“司马相如”。苏颋表示，以后有机会，他会向朝中的权贵们好好推荐宣传，争取让李白这颗明珠早日大放异彩，还告诉他只管把心放进肚子里就行。

李白听了，顿时心花怒放，浑身上下充满了力量。看来苏大人果然爽快，这次他总算没白来。

对于这一次得到朝廷大员赏识的经历，著名唐诗研究专家詹锳曾这样评价说："设太白不经苏颋之赏识，或将终其身不出夔门，蛰居蜀地，度其豪奢生活而未必以诗鸣。经颋之鼓励，太白方自觉为可造之才，而志气益加恢廓。"可以说，李白这一次和苏颋的相遇交谈，对他以后的文学以及人生成长，都起到了莫大的鼓舞作用。

苏颋这一当世文学大师的肯定让李白由此更加自信。千里马遇到了伯乐，他似乎看到了前方不远处的梦想之花在向他轻轻摇摆。

准备告辞时，却突然横生枝节。

苏颋的一名手下，看到大人将李白夸成了一朵花，心生嫉妒。他拦住李白，询问李白的身世来历。

李白一五一十地实言相告。当他说到自己出身于商人家庭时，对方的脸上露出了鄙夷的神色，感觉一下子揪住了李白的小辫子。

在封建社会，社会阶层大致分为士、农、工、商四个群体，商人处于阶层的底层，一些朝代甚至还规定商人以及商人家的子弟不得参加科举考试，当时的制度对商人充满歧视。

唐代社会虽然包容度大一些，但在一些人深入骨髓的观念里，商人出身的人最为卑贱的。因此，在得知李白的出身后，对方趁机当着众人的面，狠狠奚落了李白一番。

对宵小之辈的冷嘲热讽，李白只是微微一笑，转身扬长而去。

和不如自己的人争辩是非高低，反而是拉低了自身的档次，李白清楚其中的道理，自然懒得理会对方。

“仰天大笑出门去，我辈岂是蓬蒿人！”李白就是这样的随性洒脱。

“江山留胜迹，我辈复登临！”既然来到了成都，李白抱着开阔眼界的念头，自然要好好游览一番。

建于隋朝的散花楼，是成都城内一

苏颋：小李不错，来日一定能够成为我们大唐文坛的佼佼者。

处人文风景名胜。楼宇高耸，登临其上，俯瞰山河，山川美景尽收眼底。内心涌动着激荡情绪的李白，挥笔写下了《登锦城散花楼》一诗。

日照锦城头，朝光散花楼。
金窗夹绣户，珠箔悬银钩。
飞梯绿云中，极目散我忧。
暮雨向三峡，春江绕双流。
今来一登望，如上九天游。

江湖路远，快意恩仇。这一时期的李白，仗剑四方，豪气干云，在

李白：大师都说我不错，我肯定很牛。

巴蜀大地驰骋游玩。他先后造访了扬子云的草玄台、司马相如的抚琴台、诸葛亮的祠堂等地，和扬雄、司马相如、诸葛亮等流芳千古的历史人物做精神上的交流，更加激发了他建功立业的豪情壮志。

这位风流倜傥的大唐才子行走在路上，用脚步丈量祖国的山河，而风景秀美的自然风光也在无形中滋润着李白的心灵，助力他的诗歌创作在意境和风韵上更上一层楼。

“暮雨向三峡，春江绕双流。”李白的这些诗句读起来荡气回肠，恣意汪洋。他已经隐隐有了大师的风范。

人生总有八九不如意。有时候希望越大，失望也越大，现实和理想之间总是存在着一定的差距。

“自驾游”回来之后的李白，抱着试一试的心态，想要再次去找苏颋谈谈心。可惜接连几次，李白连苏颋的大门都没有进去，碰壁而归。

再笨的人也明白是怎么回事了——苏颋不想见他。前不久见面勉励的赞美之词，也不过是一些场面话。初出茅庐的李白太天真、太单纯了。

好在李白心态好，他调整了一下自己的情绪状态，直奔渝州而去。

渝州有什么好玩的吗？这次，李白的重点不在游山玩水上，他要拜见渝州刺史李邕。

李邕和苏颋一样，都是当时名震文坛的宗师级人物。李邕出身于书香门第，老爸李善就非常有才华，而李邕继承了老爸强大的文学基因，诗词文章冠绝当世，是当时文坛首屈一指的领军人物。

李邕名声在外，粉丝众多，李白也是慕名前来，毕竟都是混文学圈的，见面时也比较好沟通。

为了得到李邕的赏识，李白也精心准备了一番，洋洋洒洒写了一大篇文章，字里行间透露出自己远大的理想抱负。

李白在文章里告诉李邕，我就是曲高和寡、特立独行的那一个，年轻人就要有年轻人壮志凌云的样子。

李白将李邕视作自己的知音，李邕却没有太多空闲的时间去照拂这个年轻人。况且两人素昧平生，李邕又忙着写稿子，所以他在接到李白投递过来的文章时，只是匆匆浏览了几眼。

当他看到李白在文章中说年轻人就要壮志凌云的话语，于是对身边人嘟囔了几句："小伙子有点儿才干，就是太自负了些，再说我也不喜欢这些不入流的诗词。"说着，他又继续低头赶稿子去了。

李白等啊等，翘首以盼，李邕那边迟迟不见动静。李白不死心，以为李邕工作忙，把接见自己的事情忘了。为了提醒李邕，李白又写了几篇文章，托人再次呈送到李邕的案头。

李邕看到李白的文章，不由心生反感，对身边站立着的下属宇文少府说："这个年轻人太执拗了，满口理想抱负，哪有那么容易实现的事情。你拿点土特产送给他，让他哪里来哪里去好了。"

宇文少府也没办法，他按照李邕的吩咐，见到李白后，好言安慰了几句，随后将渝州特产——桃竹书简送给李白，说这是刺史大人的一片心意。另外还有一些银两赠送，让李白路上该吃吃，该喝喝，别亏待了自己。

满怀希望而来，却遭受如此冷落，看来李邕还比不上苏颋，至少

李邕：现在的年轻人太浮躁，动不动登门拜见，真烦人，没工夫搭理他。

苏颋还接见了李白，说了一箩筐客套话，李邕竟然干脆闭门不见。

深感失望的李白，伸手接过桃书竹简，拿起笔在上面“唰唰唰”写了一首诗，诗名叫《上李邕》。

大鹏一日同风起，
抟摇直上九万里。
假令风歇时下来，
犹能簸却沧溟水。
世人见我恒殊调，
闻余大言皆冷笑。
宣父犹能畏后生，

丈夫未可轻年少。

“大鹏一日同风起，抟摇直上九万里。”李白在这里自比为展翅翱翔的大鹏，暗喻自己有着像大鹏一样远大的理想抱负，他宁愿曲高和寡，特立独行，也要坚守自我的恢宏抱负。

在诗的末尾，一肚子怨气的李白还特意强调，孔老夫子都说过“后生可畏”的话语，大人可别看不起年轻人啊！

写完之后，李白头也不回，愤愤不平地转身离去。又不是第一次碰壁，没关系，他相信自己总能找到知音。

这首《上李邕》是李白诗歌创作的分水岭，从此以后，我们熟悉的那个李白缓缓走来。他那瑰丽多姿的想

李白：好歹鼓励俺一下也行，这心伤透了，伤得稀碎。

象，富有浪漫色彩的诗词意境，让人不得不对他竖起大拇指。

多年之后，担任北海太守的李邕，受侄儿李之芳的邀请，参加了一个小型的饭局，与会者有高适、李白、杜甫等人。

饭局虽小，但这是大唐最高端的文学聚会，群星璀璨，大唐浪漫主义李白和现实主义代表人物杜甫双星闪耀。

高适更不用说了，“边塞诗人”的杰出代表，一句“莫愁前路无知己，天下谁人不识君”令他名扬四海。

这里面，李邕是老前辈了，书法文章独步天下，李白、杜甫等后起之秀也如日中天，声名显赫，几位文坛宗师级的人物在一个阳光明媚的日子里相聚在一起，堪称一场文坛版的“华山论剑”。

经历了岁月的风霜，体会了世事沉浮的沧桑，这时的李白早已磨去了青年时代的张扬棱角，取而代之的是人到中年的沉稳与内敛。

反观李邕，在经历了宦海的浮浮沉沉之后，也越发清醒自知，他主动谈起了当年和李白之间的不愉快，为自己的清高向李白道歉。

“对不起呀，李老弟，误会，真是误会！当时真的是太忙了，心浮气躁，多有得罪。”李邕为自己当年有眼不识泰山而惭愧内疚。

李白哈哈大笑，说：“换作是我，当年遇到一位狂傲莽撞的年轻人，估计连土特产也不会送，直接让人赶走他了。”

兴致勃发下，李白又当众吟诵了一遍《上李邕》：“大鹏一日同风起，抟摇直上九万里。假令风歇时下来，犹能簸却沧溟水。”

李邕击节而歌。几杯薄酒，在诗兴大发的午后，诗人醉了。

再回来看看那个吃了闭门羹的李白，内心难免消沉失落，毕竟一肚子的才华迟迟得不到认可，还被人嘲笑出身低微，一晃都二十多岁了，依旧一事无成，这还让不让人活了？

怏怏不乐的李白，返回家里，和父亲李客进行了一次长谈。

这么多年游历在外，父子俩聚少离多，很少有谈心的时候。李白敞开心扉，询问老爸为啥咱们老李家就不能有一个好出身，到哪儿都被人看不起，搞得他一度郁闷到了极点。

李客意味深长地笑了笑，反问儿子：“什么是好出身呢？”

李白脱口而出：“公卿世家，书香门第，反正什么出身也比商人的身份好。”

李客的目光看向远处，仿佛要下定某种决心似的。最后他将目光转向李白，说：“儿子，咱老李家的出身，可比什么公卿世家都要高贵多了。那些都是小儿科，他们都比不了。”

李白的双眼顿时放出了异样的色彩。老李家的出身比公卿世家还要高贵，这样推算，至少也是王侯将相的级别。

“咱家也曾大富大贵过？祖坟上冒过青烟？”有点儿小兴奋的李白，迫不及待地追问着。

李客淡淡地说：“何止大富大贵过，今天老爸就直接给你挑明了吧，咱们祖上可是汉代大名鼎鼎的‘飞将军’李广，近祖是凉武昭王李暠，妥妥的陇西李氏，如假包换。”

“陇西李氏？”李白的脑海里如一声惊雷掠过。

陇西李氏太有名了，远的不说，从魏晋以来，陇西李氏就已经成了天下望族，响当当的一块“金字招牌”。李渊建立唐朝后，也自称来自陇西李氏。

“这么说，咱们李家和当今皇上可是同宗呢！”李白的脸上泛起潮红，以后行走江湖，这出身说出去，看谁还敢看不起。

“低调，一定要低调，我们李家的渊源你知道就行了，没事别大嘴巴乱说。毕竟咱家先辈犯过错误，被发配到了素叶城（碎叶城）。我是冒着风险偷跑回来的，后来为了维持生计，没办法才做点儿小买卖糊口。”李客害怕儿子太高调，反复嘱咐。

“知道了，老爸，你放心好了，我不会四处张扬。从此之后，我为咱

们陇西李氏而骄傲！”李白向老爸拍着胸脯保证，腰杆瞬间也直了起来。

李白信心十足，自己的老祖先这么牛，他也绝对不会差到哪里去。

经过这一次谈话，李白顿时感觉心里敞亮多了，他的血液里有着皇族王孙的基因，他还有什么可自卑的呢？不骄傲就已经很低调了，他完全可以大大方方、昂首挺胸、扬眉吐气地遨游天下了。

按照李白的意思，他想继续外出云游，有机会找机会，没机会就找一处寺庙或道观，修修心，养养性，让疲惫的心灵得到暂时的休养。

老爸听说李白还要出去，当即皱起了眉头，对李白说：“你今年多大了？你看和你同龄的孩子，早就结婚成家了，就剩下你一个大龄青年了，乡亲们都对你议论纷纷。这两天我就托人给你说一门亲事去，老爸我也

想早点儿抱孙子。”

流言蜚语如同一把利剑，能刺得人“伤痕累累”。幸运的是，李白的心态非常好，对于周围人的非议，他丝毫没有放在心上。既然没有人理解自己的远大抱负与理想，他又何必理会他人的议论呢？

“燕雀安知鸿鹄之志哉？”李白是雄鹰，注定要在大唐的文坛天空里尽情展翅高飞，没有任何非议能绊住他坚定前行的脚步。

还没等老爸托人为他介绍婚事，李白就悄悄开溜了，再次踏上云游的旅途。

这一次，或许是受了拜会文坛大佬失败的打击，李白悄然间萌生了寻仙学道的想法。

准确地说，李白是想寻求一种心灵上的寄托，去抚慰自己内心的不甘。

那么，去哪里寻仙学道呢？

李白无意中听说戴天山里，有一处名叫戴天观的地方，里面有一位不老神仙，据说已经有一百多岁，依然身轻体健，面色红润，胃口还特别好。

一百多岁了，还能吃能喝能睡觉，无病无灾，这不就是老神仙吗？

李白一听就来了兴趣，原来老神仙就在身边啊！不行，说什么都得去拜会拜会。李白简单收拾一番，立即动身出发。

一想到马上就可以见到传说中的老神仙了，李白心里别提多高兴了，哼着小曲跋山涉水，好不容易来到了戴天观。

叩击道观大门，出来的是一名年轻的小道士。李白说明来意，小道士一听乐了，说："哪里有什么老神仙？都是人们以讹传讹罢了。"

一句话让李白顿时泄了气，原来被忽悠了啊！不过既然来了，那就住几天休息休息也好。

李白在道观里住了下来。很快，他便和小道士成了无话不谈的朋友。小道士名叫元丹丘，别看年纪不大，道法却很高深，这让李白佩服得五体投地。从此之后，元丹丘就成了李白一生中极为重要的朋友之一，在李白的一些诗歌中，元丹丘的身影经常出现。

通过一段时间的修养，李白的心情舒畅了很多。芸芸众生，有多少人没有经历过风雨波折呢？你处于人生逆境时，请安之若素，泰然处之，把这段失意期、痛苦期，当作人生的一次必要的磨炼，一旦你能经受住从肉体到心灵上的磨炼，也就意味着你已经成熟长大了。

李白终于要离开戴天山了，因为更为远大的未来还等着他去开拓。临行前，李白感慨万千，写了一首《别匡山》（戴天山又名匡山）。

晓峰如画碧参差，藤影风摇拂槛垂。
野径来多将犬伴，人间归晚带樵随。
看云客倚啼猿树，洗钵僧临失鹤池。
莫怪无心恋清境，已将书剑许明时。

李白眼中的戴天山，山峦起伏，参差不齐，藤萝随风轻摆，山间小路弯弯曲曲，伴着狗的叫声，砍柴的人们背着柴草，在暮色中向家的方向缓缓走去。仰望白云悠然，聆听猿猴啼鸣。不远处喂养仙鹤的水池旁边，僧侣们正清洗着吃饭的钵盂。

在诗的最后一句，李白表明了自己的心迹：不是我不爱这里优美秀丽的风景，主要是我想将自己平生所学的文化知识、剑术，都用到这个政治清明的年代里，去开创一番伟大的事业。

挥一挥衣袖，告别这朝云晚霞，向前走，让身心在路上。

李白：老和尚，在你这里住几天好不好？心有点儿累了。
怀一：热烈欢迎，好吃好喝好招待。

峨眉山，位于四川西南部，为天下名胜之一。李白一路风尘仆仆来到了峨眉山，他曾经游览过这里的山峦美景，这次算是故地重游了。

李白不知道的是，在这里他将会遇到一位名叫怀一的僧人，而他的文学创作也将由此进入一片新天地。

怀一老和尚前半生命运坎坷。年轻时的他曾

想要在仕途上大展拳脚，只是唐代科举的难度太高了，怀一多次参加考试，最后都无一例外地落了榜。

不考了，打击太大了！

心态失衡的怀一气怒之下，干脆剃了头发，出家当了和尚，彻底和红尘做了了断。

提起怀一，人们也许还不太熟悉，但提到陈子昂，大家都耳熟能详。毕竟在大唐文坛，陈子昂也占有一席之地，尤其是他的那首《登幽州台歌》——“前不见古人，后不见来者。念天地之悠悠，独怆然而涕下！”——更是千百年来广为传诵的名篇。

陈子昂才高八斗，任侠好义，可惜被奸人诋毁，蒙冤而死。陈子昂死后的第二年，李白才出生。

陈子昂生前，和怀一是无话不谈的好朋友。好友的死，让怀一心灰意冷。他一个人在古寺中参禅修行，与青灯为伴，同佛经共眠。

和怀一老和尚交谈后，李白得知怀一和陈子昂之间的关系，立即露出崇拜的目光，当即就在这里住了下来。

向老前辈学习，谦虚的李白知道自己该怎么做。

交往下来，怀一也对李白心生好感。眼前的这位年轻人，才华满腹，抱负远大，为人开朗热情，心态乐观，相信假以时日，他一定能够成为大唐的“文学新星”。

有一天，怀一找到李白，仅仅闲聊了几句，便对李白说：“没事来我房间里喝杯茶，聊聊天。”

李白也看出怀一心事重重，他也不便多问，跟着老和尚来到了禅房内。

茶水一杯接着一杯，一个时辰过去了，李白感到肚子已经鼓了起来，可老和尚依旧云淡风轻，说些无关紧要的话。

“今天看这样子，估计是不让吃饭了，都快饿死了！”李白有些怏怏地想着。

这时，怀一把目光转向了旁边的几案。几案上面放着一个黄色的包裹，李白看不出里面到底装着什么东西。不过从老和尚凝重的神情来看，这个包裹一定很重要。

“肯定不是金银珠宝，怀一是大德高僧，身外之物对他不重要；也不是什么武林秘籍，虽然自己喜爱剑术，但老和尚没这方面的兴趣。”李白的好奇心上来了，不由胡乱猜测着。

怀一又看了一眼黄色的包裹，轻咳了一声，这才说道：“我也不打哑谜了。实不相瞒，里面是陈子昂留下来的文集。”

怀一的声音虽然不大，但在李白的耳朵里，不亚于一声惊雷。他下意识地咽了咽唾液，用颤抖的声音小心翼翼地问道：“真的是陈拾遗老前辈的文集吗？”

陈子昂做过朝廷右拾遗的官职，因此世人常用“陈拾遗”来称呼他。

“没错！这是子昂一生的心血结晶，他临死前交到了我的手中。这么多年来，我一直爱如珍宝，妥善保管，为的就是等待一位有缘人。”

望着怀一的炽热目光，李白知道他口中的有缘人，其实指的就是自己。

陳拾遺集

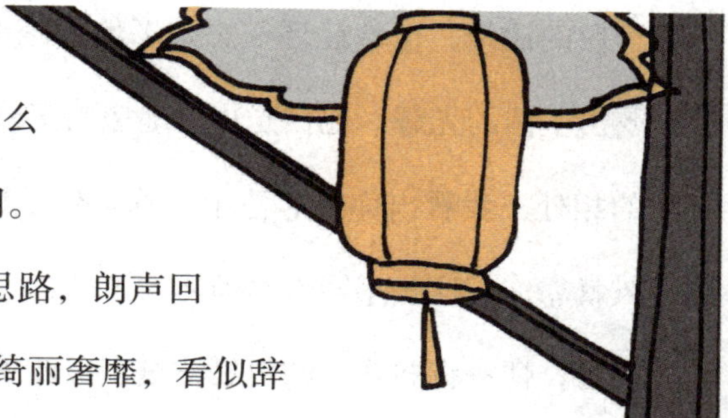

“你知道子昂一生中在文学上最大的贡献是什么吗？”怀一突然向李白发问。

李白稍微整理了一下思路，朗声回答说：“六朝以来，文风多绮丽奢靡，看似辞藻华丽，内容上却空洞无物，缺乏风骨。多亏了老前辈陈子昂先生，他文起六朝之衰，笔下的诗歌风骨铮铮，如果他能够多活几年，我们大唐的文风就会得到进一步的扭转。”

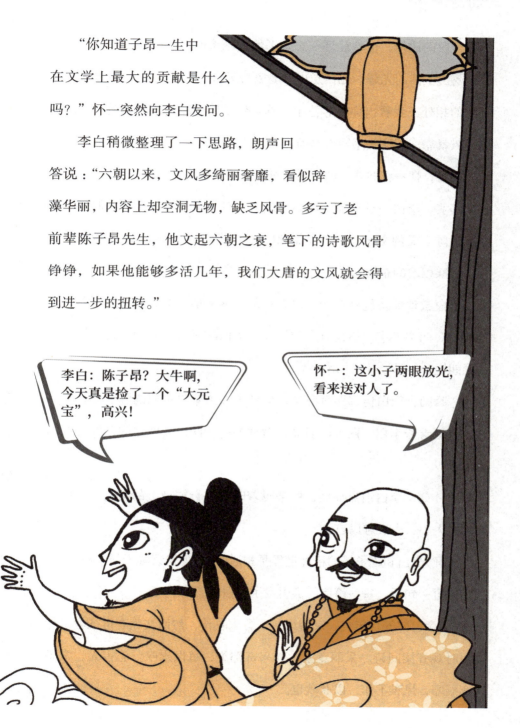

李白：陈子昂？大牛啊，今天真是捡了一个“大元宝”，高兴！
怀一：这小子两眼放光，看来送对人了。

李白的话语，也许让怀一想到了他和陈子昂交往的那段岁月，他的脸上露出圣洁的光辉。他目光灼灼地望向李白，感慨地说：“经过这一段日子的相处，我看出你绝非池中之物。你性情洒脱，诗风飘逸，以后大唐文风就靠你们这些年轻人发扬光大了。”

说着，怀一将案几上的包裹拿过来，伸手递给了李白。

其实，李白一直是陈子昂的小迷弟，对他崇拜得不得了。他曾苦苦寻觅过陈子昂的文集，一直未能如愿，想不到此时此刻，他竟然得到了自己梦寐以求的东西。

李白激动地将包裹打开，包裹中是一本文集，扉页上赫然写着“陈拾遗集”四个大字，遒劲有力的笔法，仿佛陈子昂诗歌的风骨一样，一股硬朗锐利的风姿扑面而来。

一瞬间，李白仿佛穿越时空，看到了那个豪放不羁的陈子昂，他笑意盈盈地看着李白，两人的目光在对视的一瞬间，彼此之间已经心意相通了。

那一刻，李白泪流满面，原来隔着时空进行精神上的交流，是如此的震撼人心，令人难以自已。

无疑，李白和陈子昂的精神世界是相通的。当他捧读陈子昂的诗集时，书中的每一句话，每一篇诗，都引发了李白情感的共鸣。

“文章道弊五百年矣。汉魏风骨，晋宋莫传，然而文献有可征者。仆尝暇时观齐梁间诗，采丽竞繁，而兴寄都绝，每以永叹。思古人，常恐逶迤颓靡，风雅不作，以耿耿也。”

读到这里，李白再一次泪眼朦胧。他能够理解陈子昂的洒脱，以及在洒脱之内蕴含着的深深孤独，还有那种痛入骨髓的绝望、无奈与忧伤。

“知音少，弦断有谁听？”陈子昂是不幸的，在诗歌革新的路途上，他是孤独的，只能一个人单枪匹马，奋起开拓，只是大志未竟，遭受小人迫害的他，英年早逝；但陈子昂又是幸运的，他留下来的文字作品，在数十年后被李白获取，他遇到了认同他的知音。

提振文风，改革诗歌柔靡的弊端，这是一条充满荆棘的路径。前辈陈子昂披荆斩棘，呕心沥血，开辟出了一条小径。接下来，李白要从陈子昂手中接过犀利的长刀，继续将这条狭窄的路径拓宽、延伸，让大唐的诗歌盛放异彩。

一位伟大的诗人，总是在不断的学习中得以成长。博采众家之长，方能青出于蓝，李白经过不断的揣摩和钻研，文学功底得到了质的提升。

终于到了要告别的时候了，对于来自怀一老和尚的信任，李白感动莫名，他不知道该用什么样的语言来表达内心的感谢，只能躬身施礼，向这位大德高僧表示内心最真挚的敬意。

江水奔涌，昼夜不舍，滚滚向前，千百年来，不知带走了人世间多少的欢乐与忧愁，也让无数风流才子顺流东去。

下了峨眉山的李白，独自坐在江船中，仰望横亘苍穹的那轮明月，内心涌动着万千感慨，不由诗兴大发，一首《峨眉山月歌》从他口中缓缓吟出。

峨眉山月半轮秋，影入平羌江水流。

夜发清溪向三峡，思君不见下渝州。

越过三峡，直达渝州，欢快的江船像箭一般前行，李白离自己的故乡越来越远了。梦中的家园，伟岸的老爸，慈爱的老妈，还有很多很多在云游路上结交的师友，如赵蕤、元丹丘、怀一等，他将和他们做一个短暂的告别。他要冲出四川，直奔荆楚，而他最终的目标是京都长安。

船到江陵时，李白遥望两岸的大山，近看春水落花，楚云缭绕，沙雁群集，绿树环绕，风景美不胜收。

江陵位于荆楚大地上，是一座有着上千年历史的文化名城。春秋战国时期，这里曾是楚国的都城，又名郢都。悠久的历史为江陵披上了一层神秘的面纱，也吸引着好奇的李白驻足。他忍不住想要一探究竟。

意外之喜是，李白在江陵四处游历时，竟然和好友元丹丘不期而遇。

李白：世界太小了，转角就差点儿撞个满怀。
元丹丘：老朋友，幸会幸会。

看到元丹丘，李白就想到了不老神仙的传说。当年的他兴致勃勃，翻山越岭，想要拜见传说中活了一百多岁的隐世高人，谁知道扑了一场空，却在道观中和元丹丘相识，两人自此成了至交好友。

元丹丘看到李白后，也是喜出望外，没有书信的约定，在偌大的时空中，两个人竟能重逢，这不得不让元丹丘兴奋莫名。

“老兄，这一段时间可好？看你的气色格外清爽，气宇修养也与众不同，肯定在文学上又取得了更大的进步。”元丹丘上下打量着李白，眼神里掩饰不住内心的激动。

“你也成熟很多了呀！看着就是一副仙风道骨的模样，再修炼几年，也就成不老神仙了。”李白打趣地回应着对方。

“对了，说到不老神仙，世间处处都有类似的传说，只是我等凡人，无缘相见。有没有时间？有的话我带你去拜访一位高人，他的大名你一定听过。”元丹丘说到紧要处，故意卖起了关子。

“谁呀？别打哑谜了，快告诉我。”

在李白的催问下，元丹丘终于说出了一个名字。这位高人名叫司马承祯，自号白云子，由于道法高深，上到皇帝，下到达官贵人，都将司马承祯视为当世的活神仙。当朝皇帝的妹妹玉真公主，就对司马承祯敬服万分，待他如上宾。

就这样，在元丹丘的引荐下，李白拜见了司马承祯。司马承祯一看李白气宇轩昂，不由连连点头，将李白好好夸赞了一番。李白也因此更添了几分自信。

送别了元丹丘，李白又和好友吴指南结伴游历四方。吴指南和李白的性格非常相像，爱打抱不平，身上有浓厚的侠义之风。这一段的路程，因为有好友的陪伴，李白心情愉快。他们赴岳阳，游洞庭，每日饮酒作诗，谈古论今，逍遥惬意。

想不到的是，没多久，吴指南突然生病去世，也有人说是吴指南在行侠仗义时死于歹人之手。不管哪一种原因，吴指南的死，对李白都是一种沉重的打击。他亲自安葬好友，刻碑留念。

这段游历中，李白登临庐山。一首《望庐山瀑布》，不仅让李白名动天下，更在千百年间被世人传诵不休。

日照香炉生紫烟，遥看瀑布挂前川。
飞流直下三千尺，疑是银河落九天。

这首诗几乎妇孺皆知，是语文课堂上保留的阅读、背诵篇章。只有能够背诵了《望庐山瀑布》，我们才敢说掀开了大唐诗歌星空的“帷幕”，才能小心翼翼地向里面窥探张望，才能在灿烂的星河中，寻找我们喜爱的唐诗和诗人。

这首诗也是李白的经典代表作。人们常说李白是大唐浪漫主义诗歌的领路人、扛旗手，他的诗歌有着非凡的想象力和极尽渲染的艺术特色。如果不能理解李白诗歌之美的话，就请读一读这首气势万千的描写庐山瀑布的诗，相信没有人能够抗拒李白对庐山优美风景的描写。大家都会心生向往，渴望和庐山来一次近距离的接触。

这段日子是李白诗歌创作的高峰期。逍遥快意的他，一面饱览祖国的大好河山，一面结交天下知己，在这种舒畅的心态下，一篇篇富有浪漫主义色彩的诗，从他豪情万丈的胸腔内喷薄而出。

《望庐山瀑布》问世不久，《望天门山》一诗又新鲜出炉。读一读这短短四句诗，我们的脑海中会浮现出江水奔腾、青山对峙的恢弘画面。

天门中断楚江开，
碧水东流至此回。
两岸青山相对出，
孤帆一片日边来。

还有《金陵酒肆留别》，将李白轻财重义的一面展露无遗。

风吹柳花满店香，吴姬压酒唤客尝。
金陵子弟来相送，欲行不行各尽觞。
请君试问东流水，别意与之谁短长。

这首诗和李白后期创作的《赠汪伦》有着异曲同工之妙，都是对友情的怀念与讴歌。

李白乘舟将欲行，
忽闻岸上踏歌声。
桃花潭水深千尺，
不及汪伦送我情。

抛开《赠汪伦》这首诗的艺术成就不谈，诗中的汪伦想不到的是，他原本籍籍无名，却因无意中走进了李白的诗歌里而成了历史名人，几乎到了家喻户晓的地步。

倘若放在现在，汪伦绝对会火，他不用刻意地推广宣传自己，仅凭借李白一己之力，就被带出了圈。

人生难得几个知己，有三五交心的好友，不离不弃，心有灵犀，是人生一大幸事。意气风发的李白，从金陵到苏州，一路上豪掷千金，视钱财如粪土，每到一处，都会有“今天全场李公子买单”的场景上演。

朋友的恭维，粉丝的吹捧，让出手大方的李白很快就飘了。只要是他愿意结交的人，无论认识不认识，李白从来都是主动抢着买单，日日花钱如流水。他也非常享受这种“众星捧月”的感觉。

金钱买不来真心朋友，聪明的李白不是不知道这样的道理，只是他在挥金如土的惯性轨道上根本停不下来。纵然李家以经商为生，老爸李客从没有让李白为钱发过愁，但过度的金钱消费，让李白很快就坐吃山空，他也从中尝到了人情冷暖的滋味。

开元十四年（726）秋，李白遇到了两个棘手的难题。一个是大手大脚的他，突然发现囊中羞涩，只剩下几串铜钱了。虽然他已经写信给老爸求援，但远水不解近渴，在没有手机的年代，李白只能眼巴巴地干等。

另一个，由于水土不服和季节转变，李白突然身患重病，卧床不起。

如果放在之前，有病了可以请医生诊治，只要舍得花大价钱，名医也可以亲自登门问诊。但现在的李白，差不多一天三顿都是馒头就着白开水，他只能数着为数不多的铜钱过日子。

李白的那些朋友去哪里了呢？李白有钱的时候，一大帮朋友围着他转，李哥长，李哥短，态度谦卑，甘愿当拎包的小弟；李白没钱了，大家一哄而散，像躲避瘟神一样远远地躲着李白，谁都怕李白张口借钱。

谈钱伤感情，病中的李白，总算是明白了这个朴素的道理。

这就是现实，冰冷无情。李白躺在病床上，眼睛空洞地望着屋顶。他的心里泛起了几许后悔，早知道这样，当初省着花多好，不至于落魄

到如今几乎揭不开锅的地步。

诗人总是这样，一旦多愁善感起来，往往文思泉涌，下笔千言。李白一边饿着肚子进行自我反思，一边给好友兼恩师赵蕤写了一首诗，大倒苦水，像一个委屈的孩子。

李白：终于明白“狐朋狗友”四个字的意思了，宝宝心里好苦。

吴会一浮云，飘如远行客。
功业莫从就，岁光屡奔迫。
良图俄弃捐，衰疾乃绵剧。
古琴藏虚匣，长剑挂空壁。
楚冠怀钟仪，越吟比庄舄。
国门遥天外，乡路远山隔。
朝忆相如台，夜梦子云宅。
旅情初结缉，秋气方寂历。
风入松下清，露出草间白。
故人不可见，幽梦谁与适。
寄书西飞鸿，赠尔慰离析。

这首诗名叫《淮南卧病书怀寄蜀中赵征君蕤》。在深秋里，李白于穷困潦倒之际，以深情的笔调，写尽了对人生的感慨，里面透露出浓浓的乡愁，他想家了！

好在李白还年轻，身子骨也不错，在熬过了这段失意和痛苦之后，那个坦荡、真诚、一腔热血的李白又回来了。

病愈的李白，更加成熟睿智，豁达大度。他收拾心情，继续满怀信心，行走在繁荣的大唐，追寻着自己热忱报国的宏伟志向。

第三章

艰难的求职之路

大病初愈后，李白的身心清静了很多，他可以有时间去思考自己的人生与未来。

屈指算来，李白都二十六七岁了。从二十来岁开始，他就仗剑远游，遍访名山大川，潇洒随性，是一个快乐的大龄单身男青年。

岁月不饶人，将要而立的李白，却还是“单身贵族”。身边的亲朋好友就有些看不下去了，纷纷劝说李白赶紧结婚成家，生一个大胖小子，这样一来，李白的老爸李客不就可以过上含饴弄孙的幸福生活了吗？

一开始，面对大家的好心劝说，李白表现出一副不耐烦的态度。他认为，自己一事无成，这时候可没心情谈恋爱、结婚，等到他功成名就的时候，再去找一位门当户对的姑娘结婚成家，那才是李白理想中的幸福婚姻生活。

后来劝说的人多了，李白的心思也起了变化，看来这婚是非结不成。有没有合适的姑娘呢？恰巧这时真有一个合适的姻缘，姑娘姓许，大户人家出身，家世显赫。

这位许姑娘是安州（今属湖北）人，爷爷许圉师还当过大唐的宰相，老爸曾官居员外郎，人称许员外，许姑娘本人也姿色不错，知书达理，堪称名门闺秀。

也许正因为自身的条件不错，许姑娘眼光颇高，挑选夫婿也有自己的主见，未来的丈夫除了一表人才外，还必须有一肚子的才华。这样他们二人郎才女貌，才是一对人人羡慕的神仙眷侣。

按照这样的标准，许姑娘从十七八岁就开始物色合适的单身男青年，一转眼她都是二十四五岁的大姑娘了，依旧是心意难圆，姻缘迟迟不到。

这下可把许员外给急坏了。男大当婚,女大当嫁,女儿到了这个年纪，在乡邻的口中，都快成了嫁不出去的老姑娘了，难道这姑娘就这样砸自己手里了吗?

着急的许员外发动亲朋好友，四处托人给姑娘说媒。一句话：只要条件不太差，是个年轻有为的好青年就行。

姑娘挑不挑他不管，首先他不挑了，合适就将姑娘许配给对方，老父亲这是真的着急了。

一来二去，李白就从众多的男青年中脱颖而出。许员外一看李白的条件，也非常满意。小伙子有才华，还会剑术，文武双全，上进心强，各方面条件都不错，他就替姑娘点头做主了。

但是许员外有一个小小的要求，由于自己膝下只有一个女儿，因此，他希望李白能够入赘到许家，房子不要，彩礼不要，带个铺盖卷过来，真心对姑娘好就可以了。

许员外显然对这个未来女婿格外满意，才诚意满满地开出了如此诱人的条件。总之，只要李白点头同意，这婚事就成了。

在家人的催促下，李白思前想后，就答应了下来。他从扬州动身前往安州，经过襄阳时，李白突然想起诗坛上的一位“大腕”孟浩然就在这里隐居，于是顺便拐了一个弯，登门拜访孟浩然。

当时的孟浩然，比李白大十几岁，也比李白更有名气。在孟浩然跟前，李白算得上半个晚辈。两人相见后，谈诗论道，相见恨晚。

闲聊中，李白说出了这次前往安州的目的，他希望能够听一听孟浩

然的意见，毕竟孟浩然人到中年，有着丰富的人生阅历。

孟浩然思索了一番，便告诉李白，和许家结亲是一件好事。虽然现在许家不如以前了，但好歹许姑娘的爷爷当过一任宰相，在朝中还是有着一定影响力的。李白空有满腹才华，却无根无基，这次如果能够和许家联姻，借助许家的力量和人脉，对李白未来的仕途之路，想必会有不小的帮助。

孟浩然的一番话，说到了李白的心坎上，想一想自己都快三十岁了，依旧求进无门，报国无望，不正是缺乏根基的缘故吗？

再想到先前拜见苏颋和李邕，被对方冷落，如果自己背后有许家这样的靠山，情况定会大为不同。

好了，入赘就入赘，在哪里生活都是生活，想开了就放下了。

想通了这一切之后，李白高高兴兴地拜别孟浩然，继续启程上路。没多久，他便来到了安州的首府安陆。惊喜的是，在这里，李白又和元丹丘意外重逢了。

元丹丘也是一个爱游山玩水、广交朋友的人，两个人也算是有缘分，总是不期而遇。相见后一番交谈，元丹丘告诉李白，他这次来安陆，主要是为了拜会安州的马都督。李白一听很高兴，在元丹丘的引荐下，李白也如愿以偿见到了马都督。

玩也玩了，该见的朋友也见了，李白突然想到自己还有一桩婚事等着他，就匆匆赶到了许家。许员外一看李白确实是仪表堂堂，风流儒雅，自然也是满心欢喜，找了一个良辰吉日，让他和许姑娘成了亲。

许员外很大方，既然李白愿意入赘许家，他也毫不吝啬，要房子给房子，要银子给银子，确保李白衣食无忧。

“咣当”一声，李白掉进了福窝里，有优渥的生活环境，有相爱的另一半，看起来样样顺心。只是他的这次入赘，引起了一个人的强烈不满，这个人名叫许大郎，是许员外哥哥家的儿子。

许大郎为什么对李白不满呢？原来他有自己的小算盘。叔叔许员外就只有一个女儿，将来许姑娘结婚出嫁，叔叔家偌大的家产不就都落进他许大郎的口袋里了吗？谁知道，李白入赘了，一下将许大郎精心盘算的美梦给搅碎了。

许大郎感觉自己的内心受到了一万点的伤害，因此对于李白，他平日里横挑鼻子竖挑眼，动不动就挖苦讽刺，恨不得一脚将李白踢开。

时间长了，李白也觉察到了来自许大郎的恶意。他和夫人商量了之后，为了躲避许大郎，两人搬到了许夫人爷爷许圉师曾经读书的地方，也就是北寿山下住了下来。

北寿山距离安州城五六十里，环境清幽，交通便捷。李白来到这里后，一下子就喜欢上了北寿山的宁静氛围。

平日里读读书，闲暇的时候就去马都督府上喝酒应酬。时间长了，马都督对李白也非常欣赏，认为他是一位才华出众的有为青年，于是就产生了想要举荐他的念头。

不料，马都督的心思被许大郎看得一清二楚，他暗中联合马都督的手下李长史，让李长史在马都督跟前讲李白的坏话，说李白目无尊长，行为乖张，只不过平日里太会伪装了，一直没有被人识破罢了。

在李长史的谗言诋毁下，马都督打消了举荐李白的想法，李白期盼通过马都督上进的路径就这样又被堵死了。

幸运的是，不久后李长史调走，来了一位姓裴的新长史。和李长史不同的是，裴长史非常欣赏李白的才华，两人一见如故，相谈甚欢。

在熟悉了之后，裴长史还多次鼓励李白说："老弟，你文采飞扬，好

好努力，有机会老哥我一定会向朝廷推荐你的，一定打通你的仕途之路。”

裴长史的鼓励让李白兴奋万分，多年的期盼终于快要成真了，那种喜悦是外人很难体会的。

关键时刻，在李白大有希望被举荐的时候，他自己却犯了一个不大不小的错误，甚至于演变成一场不大不小的风波。

有一次，李白出城去一处寺庙里游览，竟不知不觉待到了深夜。李白这才意

裴长史：这小伙子不错，有前途，我要帮帮他。

犹未尽地返回城内。当时，大唐执行“宵禁”制度，晚上超过一定的时间，人们就不能随意地在大街上行走了。李白正是无意中触犯了这一禁令，被巡逻的士兵当场逮了一个正着。

作为前任宰相的孙女婿，李白当然有惊无险，但闹出的动静被许大郎给捕捉到了。于是，安州城内很快流传出无数流言蜚语，说李白生性风流，耐不住寂寞，每天夜里

不是聚众豪赌，就是在烟花柳巷中一掷千金，反正是各种脏水都泼在了李白的身上。

流言蜚语的可怕之处在于，它迎合了人们猎奇的心理，没有翅膀却飞得非常快，传播力度特别大。没几天的工夫，李白就成了安州城内人人皆知的“风流才子”、赌博成性的“浪荡公子”。

流言蜚语的传播还有一个有趣的规律，当事人往往是最后知道的那个。因此，当李白再次前去拜见裴长史时，他突然发现，先前对自己热情有加的“裴哥”，这时候态度来了一个一百八十度的大转变，总是拒人于千里之外，对于李白的求见，他直接闭门谢客，说什么都不见。

究竟是哪里出了问题呢？李白百思不得其解，为什么裴哥这脸变得比翻书还快呢？

等到李白差不多是最后一个听闻自己的小道消息后，他才算是弄清楚了事情的原委。他哭笑不得，万般委屈，但事情已经在全城传得沸沸扬扬，单凭李白一张嘴，根本无法为自己洗刷这不白之冤。

百口难辩，真是百口难辩！李白终于见识到了流言蜚语的威力。对于裴长史来说，洁身自好的他，听说李白是一个“风流成性”的浪荡公子后，赶快和对方划清界限，不要说向朝廷推荐李白了，现在连见上一面都不愿意了，大有自此绝交的架势。

吃了几次闭门羹的李白，终于忍不住了，裴哥不是闭门不见吗？没关系，我可以写信。说干就干，李白提起笔，洋洋洒洒写了上千字，把自己的委屈和不满一股脑宣泄出来，不能见面详谈，我就以笔为媒介，想说的话语都在里面。

除此之外，李白还不忘小小自夸一下，说他轻财好施，重情重义，满腹经纶，品格高尚，相信同样有着高尚道德情操的裴哥，一定会惺惺相惜，不遗余力地提携他。

这篇文章名叫《上安州裴长史书》，也是李白诸多文章中的名篇，如文中“夫唐虞之际，于斯为盛，有妇人焉，九人而已。是知才难不可多得”“白窃慕高义，已经十年。云山间之，造谒无路。今也运会，得趋末尘，承颜接辞，八九度矣”等句子，正是彼时李白心声的流露。

不知道这位裴长史接到信认真读了没有，他到底是什么反应已不得而知，只是李白耗费了几根蜡烛写出来的这封表明心迹的信件，如泥牛入海，杳无音信。

伤心了，真的伤心了，一个好朋友，就因为一些不明不白的流言蜚语，转眼间成了路人甲，李白这一次被伤得很深。裴长史前后态度的巨大转变，像一根刺，深深地扎在了李白的心上。

天下这么大，辽阔的大唐，难道就没有自己的知音吗？

李白不信这个邪，他认为无人赏识自己，还是机缘未到，只要他勇敢地向外走，去拓展自身的交际空间，一定能够找到惺惺相惜的知音。

安州太小了，李白也厌倦了小城市的尔虞我诈。他要走出去，走上大唐舞台的中央，成为万众瞩目的那一个。

说干就干，这才是堂堂正正的男子汉。李白打定主意后，二话不说，简单收拾了一些行李，告别妻子，信心满满地启程，向着京都长安进发。

这一年，是开元十八年(730)，大唐依然处在歌舞升平的盛世氛围中。

长安在李白的心目中，一直是神一般的存在。这座当时首屈一指的大都市，汇聚了人世间所有的富饶和繁华，足以让人迷失在其中。

怀着朝圣的心情，李白一路跋山涉水。经过数月的艰难跋涉，他终于来到了心心念念的长安。

站在长安高大的城墙脚下，李白仰首望天，不觉心潮澎湃。他曾游历过巴蜀大地，也曾在吴越和荆楚留下自己的足迹，只是这座宏伟的

李白：不行，我要去外面更广阔的世界闯一闯。

都城，李白还是第一次一睹真颜。

步入城内，李白就像是一个来到一座偌大宝山面前的小孩子一样。长安城内，街道宽阔，市、坊布局错落有致，高楼巍峨，宫墙高大。

街面上，行人熙熙攘攘，时不时还能见到一些“外国友人”。这座大都市充满着大唐雍容的盛世之风和独特的异域氛围，让李白目不暇接。

这时的李白，尽管已经见过一些大世面了，他还是惊奇地打量着眼前的一切。

凡是人群簇拥的地方，处处商铺林立，茶楼、酒肆、乐器店、珠宝店，各色商品琳琅满目，奇珍异宝数不胜数，叫卖声不绝于耳。

李白顿时眼界大开，原来这个世界上还有如此繁华的地方，这辈子能来趟长安，值了！

太好玩了！太吸引人了！大唐的国都让李白惊艳了。那一刻的他，真想找一个无人的地方，大声呐喊："长安，我来了！"

其实李白早就该来了，他自己也觉得来得有点儿晚了。早知道京都长安如此富丽恢宏，他出了四川后，第一个目的地就应该是长安。

好在现在自己刚刚迈入而立之年，不算早，但也绝不是太迟，只要有机会，李白相信自己依旧可以得到王侯公卿的赏识，名动天下，甚而能一睹天颜。

李白足足逛了一整天，兴奋的心情才稍稍缓解了一些。他游逛到朱雀门大街的时候，终于感觉有点儿累了，于是就找了一家客栈休息，美美地睡上一觉，有什么事情明天再说。

不知什么时候，李白被街上的动静吵醒了。他揉了揉惺忪的睡眼，看向窗外，晨曦中的大街上，已经是人来人往了，尤其是那些做着小生意的买卖人，早早就开门营业，笑迎八方来客。

一日之计在于晨，看来京都长安的民众很有商业头脑，抓住了客流量，也就抓住了财富的密码。

人除了靠勤劳致富，还要有经商头脑。当然，在长安这座人口百万的大都市中，只要用心经营，都能挖到自己想要的"宝藏"。

城市的喧嚣和活力让李白睡意全消。他迈步出门，随意闲逛，吃一点儿风味小吃，品几口香醇的葡萄酒，味蕾被彻底打开了，每一个味蕾都激动地舒展肢体，感谢主人将它们带到了一个全新的世界。

吃饱喝足后，李白的心情非常不错，他又兴致勃勃地在长安城内繁华的地方参观游览。今日李白眼中的长安，又和昨日的长安有所不同，鲜衣怒马的少年，架鹰牵狗的富家子弟，令人趋之若鹜的斗鸡大会，都在展现着长安城独有的奢华与高调。

在街头巷尾的闲谈中，李白听到了唐玄宗这位开创“开元盛世”皇帝的一些传闻，有人说他纵情玩乐，喜欢犬马声色，这和当初那个刚登基时励精图治的君王形象似乎有些脱节。李白游走在长安城繁华的街道上，内心深处有了一点小小的困惑。

痛痛快快闲逛了几天，新鲜劲儿一过，李白又要为自己的仕途之路发力了。这一次来京都，李白也不完全是被裴长史他们所伤的缘故，主要是他认为京都藏龙卧虎，达官贵人比比皆是，在这里得到赏识的机会，要远远多于小小的安州城。

所以在李白决定前往京都的时候，老丈人将他拉到了自己的书房里，翁婿两个开始交心。老丈人告诉李白，虽然他老爸当过宰相，然而如今时过境迁，许家式微，在朝中的影响力逐渐减小，他把自己所有的社会关系梳理了一遍，为李白物色到了一个相对可靠的对象，对方现任光禄寺卿的职务。李白到了京城，可以先去投靠他。

光禄寺卿是干什么的呢？李白对这个职位也有所了解，光禄寺卿平日里主要负责皇帝的饮食起居，做着后勤保障工作。所以老丈人口中的这位朋友，并不能直接给自己帮上忙，不过通过他，也许能找到更大的权贵。

就这样吧，入赘许家的李白，也知道老丈人对他不错，几乎把他看作亲儿子。这次为了让李白能出人头地，老丈人也是绞尽脑汁，把许家能用的社会资源，更别说吃穿住用等各种花费，全部毫无保留地提供给李白。

眼下既然来到了京都，就应该和老丈人口中的朋友联系一下，性格外向的李白也不怯场，拿着岳父的亲笔书信直接找上了门。

对于李白的到来，老丈人的朋友虽然表现得很热情，但是举荐的事情，他真的是爱莫能助。再加上这一段时间朝廷要举办千秋节，他

忙得头晕眼花，他告诉李白先别着急，就在他家住着，吃喝不用发愁，等他腾出手来再说。

既来之，则安之。李白也安慰自己别急，趁着这难得的大把空闲时间，他可以仔仔细细将京都游览一遍。长安城那么大，风景名胜俯拾皆是，为什么不趁着这难得的时光好好玩一玩呢？

“西漂”李白每天早早吃过饭，就潇洒地出门去游玩。长安城内的各处美景，都留下了李白的身影。

作为社交大牛，李白在游玩的时候，也不忘结交天下朋友。在这方面，李白有两大长处：一个是花钱大方，出手阔绰，只要兜里还有

朋友：大兄弟，我这里管吃管住，比住旅馆舒服。
李白：那我就不客气了，还是亲戚好，会照顾人。

银子，他肯定是抢着买单的那一个；另一个是李白文采出众，出口成章。这样一位有才气且仗义的年轻人，谁见了都会喜欢，所以没过多长时间，李白就结交到了一大批有着相同兴趣爱好的朋友，每天不是在喝酒，就是在喝酒的路上，天天忙得团团转。

不知不觉，千秋节过去了，老丈人的这位朋友也终于有了时间。这天他找来李白，商议举荐的事情。

这一段时间玩得很痛快，李白还沉浸在宴饮歌舞的兴奋之中。

朋友掰着指头，把朝中能够说上话的权贵挨个数了一遍，排除了一些退休的和对文学不感兴趣的，剩下的大人物中，就只有右相张说最为合适了。

张说？张说是谁？李白一时间没有反应过来。

“咱们大唐首屈一指的大诗人啊！就连玄宗皇帝也称赞他是‘当朝师表，一代词宗’，张老宰相在文坛可有威望了。”朋友在一边提醒说。

经过对方的提醒，李白才恍然大悟。朋友进一步告诉李白，张说不仅自己满腹经纶，而且以爱才出名，由他出面举荐当然最适合了，只是老宰相年事已高，亲自出面已是不大可能了。

李白先听到张说惜才、爱才，立马眼前一亮。可朋友话锋一转，又说对方快要走不动路了，李白的心一下子又沉到了谷底，黑色幽默也不能这么开呀。

朋友也看出了李白由期待到失落的变化，赶忙安慰李白，说不如“曲线救国”，从张说的几个儿子身上打开突破口，他的几个儿子看起来也不错。

李白的心情就像是坐了过山车一样，起起伏伏。他听说还有希望，急忙睁大眼睛，期待着朋友继续说下去。

“张说的几个儿子都在朝廷担任重要职位，尤其是张垍，不仅个人文学修养高，还是当今皇上的乘龙快婿，如果他能够出面举荐，一切就都不是问题了。”朋友头头是道地分析说。

就这么定了，从张垍身上寻找突破口。这时的李白，有点儿病急乱投医的感觉，只要有一线希望，他就会毫不犹豫地试一试。

去见张垍的过程倒也顺利，为了能够给对方留下一个好形象，李白精挑细选，把自己认为最得意的诗文带了过去。

李白满怀希望，却不知张垍是一个嫉贤妒能之人。如果李白的水平一般，张垍或许会看在推荐人的面子上，向上面举荐他。谁知，他拿过李白的诗文一读，顿时一股醋意涌上心头，眼前这位年轻人的文采不知道要比自己强出多少倍。不行！这样的人必须打压下去，要不然以后就没他张垍什么事了。

张垍眼珠一转，便想出了一个馊主意。他表面上装出对李白非常关心的样子，假惺惺地安慰李白不要着急，是金子总有发光的那一天。

转过头，张垍又用略带遗憾的口吻告诉李白，自己个人能力有限，如果真的想要寻求贵人帮助，目前最好的对象是玉真公主。玉真公主是玄宗皇帝的妹妹，在皇上面前说话很管用，平时也比较欣赏有才华的青年才俊。如果能得到她的推荐，李白很快就能平步青云。

临别时，张垍还“贴心”地将玉真公主在终南山修道的场所告诉给了李白，嘱咐李白事不宜迟，应该马上动身前去拜见这位握有话语权的大唐公主，凭借李白儒雅风流的外貌和横溢的才华，玉真公主一高兴，他的前程富贵手到擒来。

当然，两人之间有没有眼缘，能不能得到玉真公主的赏识，还在李白自己。张垍的潜台词很明显，反正路怎么走我已经告诉你了，成不成的关键就在你自己的实力和运气了。

李白对玉真公主也早有耳闻。当年他在元丹丘的介绍下，结识了道士司马承祯，玉真公主就是司马承祯的“粉丝”，所以对张垍的话，李白深信不疑。

终南山距离长安城不远，向来是文人雅士修身隐居的理想胜地。李白兴致勃勃而去，却不知正中张垍的圈套。张垍就是故意消遣李白，打击他的自信心。李白到了终南山玉真别馆才发现，这里冷冷清清，荒草丛生，哪有半点儿人烟？

经过打听才知道，玉真公主早就前往别处修行去了，这两年甚至很少来这里。

即使听到这样的消息，李白也仍旧不愿相信自己被骗了，或许他认为张垍不会欺骗自己，既然玉真公主在这里住过，说不定过段时间还会再来，他不妨在这里耐心等待。

一晃大半个月过去了，马上就要进入秋季了，秋雨绵绵，天气转冷，看样子，玉真公主大概率不会来了。原本满腔期待的李白，这时已然心灰意冷，他回想张垍的话，渐渐意识到自己被愚弄了。郁闷之余，李白提笔给张垍写了这首《玉真公主别馆苦雨赠卫尉张卿二首·其一》。

愁坐金张馆，繁阴昼不开。
空烟迷雨色，萧飒望中来。
翳翳昏垫苦，沉沉忧恨催。
清愁何以慰，白酒盈吾杯。
吟咏思管乐，此人已成灰。
独酌聊自勉，谁贵经纶才。
弹剑谢公子，无鱼良可哀。

这首诗写出了李白期望落空的苦闷。在诗的最后，李白还发了几句牢骚，说我看着外面淅淅沥沥的细雨，反正闲着也没事，现在就让我为张公子您弹着宝剑唱一首歌谣:长剑，长剑，回去吧！吃饭没有鱼。长剑，长剑，回去吧！出门没有车。长剑，长剑，回去吧！没有钱生活，没有钱吃鱼的日子太难了。

一句话：张公子你别拿我寻开心，我都这么落魄了，还要被人当作开心鬼对待，这也太没道义和良心了吧！

写完了第一首，李白还觉得意犹未尽，被人开涮的滋味太难受了，这也逼得李白文思泉涌，很快就提笔写了第二首，也就是《玉真公主别馆苦雨赠卫尉张卿二首·其二》。

苦雨思白日，浮云何由卷。

稷契和天人，阴阳乃骄蹇。

秋霖剧倒井，昏雾横绝巘。

欲往咫尺涂，遂成山川限。

潀潀奔溜闻，浩浩惊波转。

泥沙塞中途，牛马不可辨。

饥从漂母食，闲缀羽陵简。

园家逢秋蔬，藜藿不满眼。

蟏蛸结思幽，蟋蟀伤褊浅。

厨灶无青烟，刀机生绿藓。

投箸解鹔鹴，换酒醉北堂。

丹徒布衣者，慷慨未可量。

何时黄金盘，一斛荐槟榔。

功成拂衣去，摇曳沧洲傍。

在这首诗里，李白依旧是牢骚满腹，什么

张垍：你智商不低啊，
这都看得出来？

不痛快的话都往外说，大有和张垍撕破脸的节奏。

诗中，李白还用了一则历史典故，狠狠挖苦讽刺了一番张垍。这则典故叫作“丹徒布衣”，说的是古时候有一个名叫刘穆之的人，家里贫寒，没有隔日之粮。虽然如此，刘穆之生性洒脱，还有一个爱喝酒的癖好，但他没钱买酒，有时候就厚着脸皮到老丈人家蹭酒喝。

时间长了，刘穆之的两个大舅哥就对他翻起了白眼，他们从内心里看不起这个妹夫。有一次，两个大舅哥举办宴席，事先就放出风声，不欢迎刘穆之参加。

谁知在宴会当天，刘穆之坦坦荡荡地走了进来，照旧饮酒吃肉，对两位大舅哥隔空投来的鄙夷目光视而不见。

酒足饭饱后，刘穆之拿起桌上的槟榔大口咀嚼着。其中一位大舅哥走了过来，讽刺刘穆之说，还是不要吃槟榔为好，槟榔有助消化，别一会儿肚子又饿了。

对大舅哥的挖苦，刘穆之一笑而过，根本就没有放在心上。

风水轮流转，几年以后，有才华的刘穆之成了朝廷命官，他特意在家里摆上美酒佳肴，让妻子将她的两位哥哥喊了过来。

妻子原以为丈夫是想要趁机狠狠羞辱一番这两位哥哥，但刘穆之并没有这样做。他盛情款待了两位大舅哥不说，在他们吃饱喝足后，还命人端出一大盘槟榔，送给他们两人品尝，让他们尽管放开肚皮吃。两人想起前尘往事，不由羞红了脸。

李白在诗中引用这则典故，用意自然也非常明显，他就是要恶心张垍，你不动声色挖了一个坑，让我走到今天这个几乎山穷水尽的地步。不过，没关系，大人有大量，我李白就像典故中的刘穆之一样不会计较，毕竟来日方长，我相信自己一定有光芒万丈的那一天。

至于说山穷水尽，李白确实没有说假话。从安州来到长安后，他吃吃喝喝，游游玩玩，带的盘缠几乎耗空了。在终南山等待玉真公主的这段日子里，李白穷到没饭吃，每天都靠赊账度日，所以等到他希望落空，准备离开终南山时，因为拿不出银子，李白只好将身上的衣服脱下来抵债。

要不是包裹里还带着几件名贵的衣物，估计李白就要在这里的酒楼打工还钱了。明白自己处境后的李白差点儿吓出一身冷汗，头也不回地逃离了终南山。

回到长安城中后，原本对李白还不错的那位老丈人推荐的朋友也突然冷淡了很多。他拿出一些银子，让李白另寻出路。

好端端的，怎么突然赶人走呢？聪明的李白想到了问题的答案，想必是自己写的那两首诗，得罪了张垍兄弟几个，因为张家势力大，这位朋友得罪不起，就只好赶快和李白划清界限。

李白淡然一笑，连银子都没拿。潇洒转身，大步流星地离开了许府。

人可以落魄，但精神绝不能卑微，一身傲骨的李白不会轻易向现实妥协。

衣服当了，钱包也空空如也，但人总要生活下去，不能没饭吃。李白摸遍全身上下，一钱银子也没有了。没办法，他左右打量，最后把目光放在了自己的宝马上。

这匹马跟随李白从安州来到长安，一路相伴，纵使再舍不得，眼下的李白也只能忍痛割爱。

长安牲口交易市场上，人群熙熙攘攘，热闹非凡，李白却无心欣赏眼前的繁华。他看着心爱的宝马，心头涌起百般滋味。想当年他在吴越大地游山玩水，豪掷万金，可曾想今日到了靠卖马维持生计的地步。

日上三竿，饥肠辘辘的李白望眼欲穿，他希望有买马的人过来讨价还价，不然他就只能流落街头了。

正当李白焦急时，走来一名衣着华贵的年轻人，他来到李白的坐骑前，

上下左右细细打量，一边看还一边点头，嘴里赞叹着说："好马，真的是一匹好马！"

李白心里升起了希望，赶忙问道："马绝对是好马，相中了就卖给你，价钱好商量。"

"多少钱？"年轻人来了兴趣。

"你看着给，行情我也不懂，要不两万文？"李白有些惴惴不安地随口说了一个数目。

年轻人抬头看向李白，眼前的李白虽然略显沧桑，却不失昂扬之气，言谈举止间，透出一股读书人的风韵气度。

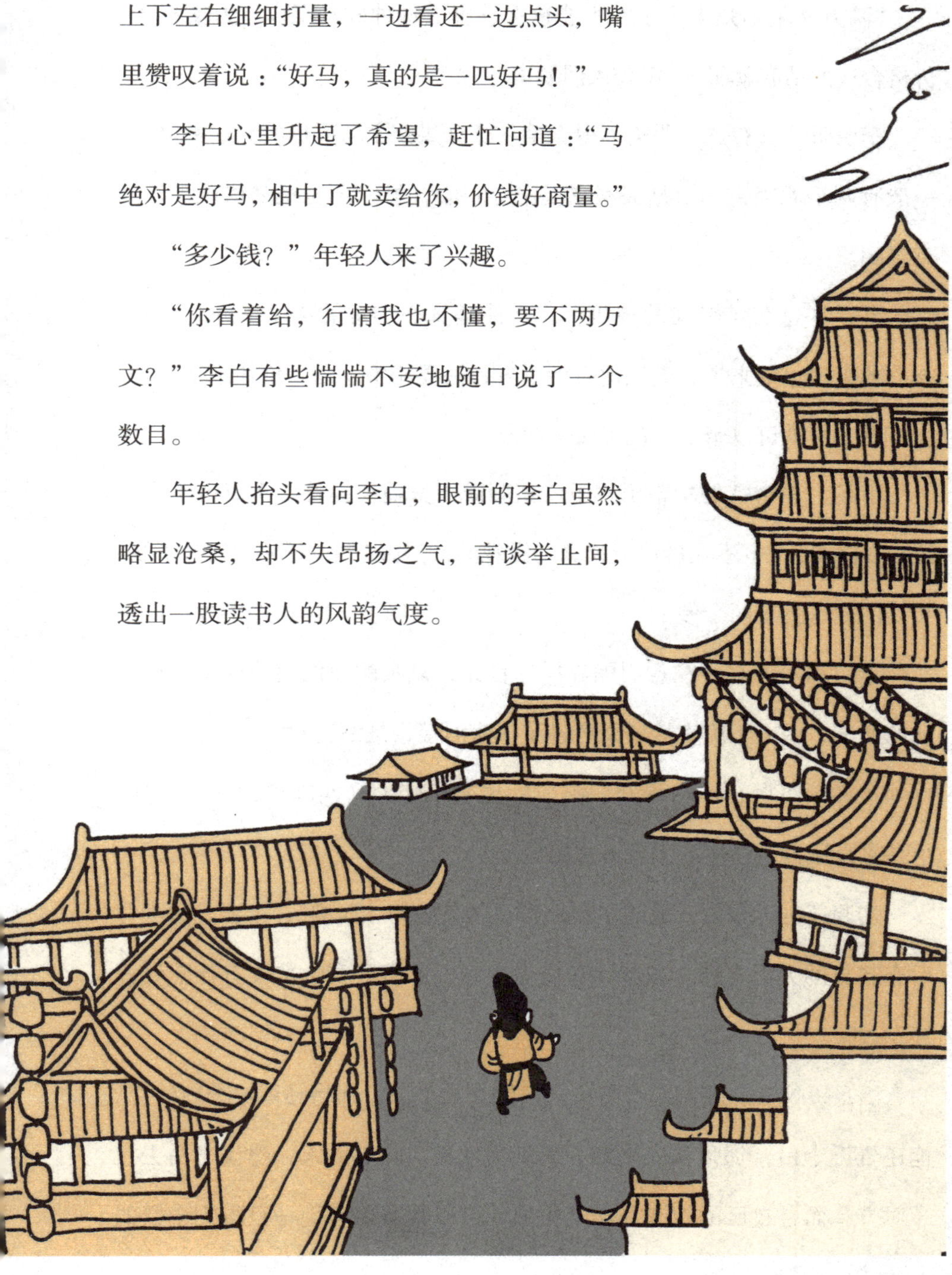

“两万文是不是太少了？不能这么谦虚，这种好马至少三万文起步，价格合适的话我就买。”年轻人回复道。

李白听了，有点儿哭笑不得，第一次见买家主动提价的。这种情况，一般有两个原因，一个是买家拿卖家寻开心，另一个是钱多得烫手，故意装阔。

不过从这名年轻人的神情上看，他是真心实意的买家。一念至此，李白的豪气也上来了，爽快地告诉对方，只要相中了马，价钱不是问题，一万五千文就可以牵走，就当交个朋友。

市场上最奇特的一幕出现了，买家破天荒地要提价，卖家也不可思议地要降价，谁也不在价钱上较真。围观的人目瞪口呆，感觉今天开了眼，一出门就遇到了两个傻子。

李白和对方毫不在意周围异样的目光，豪爽的他们很快成了无话不谈的朋友，两人干脆直接肩并肩进了一家酒楼，把酒言欢。

几杯酒下肚，李白得知，眼前的这名年轻人名叫陆调，和他一样，也是来京城为自己谋一条晋升之路的。

陆调还告诉李白，他能在京都当一名潇洒的“西漂”，主要是因为背后有叔叔的大力支持。叔叔在长安做生意，家资巨富，从没有让陆调为钱发过愁。

酒足饭饱后，陆调起身将买马的钱交给李白，却将马留给李白使用。他还告诉李白，邠州长史李粲为人豪爽仗义，热心助人，建议李白去投靠对方，而且自己的叔叔和李粲很熟，可以帮着引荐，一旦得到李粲的赏识，说不定李白会有很好的机会。

李白千恩万谢。在陆调的引荐下，李粲接见了李白，他一看李白仪表堂堂，能诗善文，就热情地收留了李白。

李粲收留李白，当然有自己的小算盘。喝酒应酬时，自己身边有个文学高手，时不时烘托一下气氛，那是很有面子的一件事情，多一个李白，也不用多买多少粮食。

从此，李粲每天和宾客宴饮，李白都是座上客。李白时不时写些应景的诗文，博取大家的赞誉，作为东道主的李粲也感觉面子上特别有光彩。

平心而论，李粲对李白确实不错。现在，李白吃穿不愁，酒肉不断，只是让李白郁闷的是，李粲始终没有将自己向上面推荐的意思，混吃混喝绝非李白的本意。

郁闷，真是郁闷，不出意外，李白又提笔写诗了。很快，他就写了一首《豳歌行上新平长史兄粲》，送给了李粲。

豳谷稍稍振庭柯，泾水浩浩扬湍波。
哀鸿酸嘶暮声急，愁云苍惨寒气多。
忆昨去家此为客，荷花初红柳条碧。
中宵出饮三百杯，明朝归揖二千石。
宁知流寓变光辉，胡霜萧飒绕客衣。
寒灰寂寞凭谁暖，落叶飘扬何处归。
吾兄行乐穷曛旭，满堂有美颜如玉。
赵女长歌入彩云，燕姬醉舞娇红烛。

狐裘兽炭酌流霞，壮士悲吟宁见嗟。

前荣后枯相翻覆，何惜余光及棣华。

这一次，李白低调了很多。和上次写给张垍的诗不同，这次虽然他也有牢骚，不过是一笔带过，主要目的是希望李粲能够帮忙推荐一下自己，借他之手，成人之美，赠人玫瑰，手有余香嘛！

李白满以为自己的要求不高，姿态很低，语气也非常客气，只是李粲看了李白的诗之后，心里面特别不舒服。李粲心想，自己在李白落魄的时候，毫不犹豫收留了他，好酒好菜款待着，怎么李白竟然还要“得寸进尺”，这要求是不是太过分了呢？

误会，这就是误会，一个委曲求全，希望能得到贵人的帮助；另一个认为自己已经做得够好了，为什么对方还不满足呢？

李粲生气了，他本想将李白撵走，但转念一想，要是板着脸将李白轰走，自己这么多年辛辛苦苦打造的“热情好客”的名声不就毁了吗？

算了，生气归生气，人情做到底。李粲把自己的熟人一个一个列出来，最后他选定了坊州司马王嵩。

王嵩是一名武官，平日里喜欢附庸风雅，将满腹经纶的李白介绍给他，王嵩一定会笑得合不拢嘴，就这么办了。

李粲打定主意，写了一封引荐信，让李白带着去见了王嵩。果然像李粲预料的那样，王嵩迫切需要一些文人来装面子，李白的到来正合他的心意，就收留了李白。

情况和在李粲家一样，大鱼大肉，美酒佳肴，量大管够。王嵩告诉李白，别客气，来这里就像在自己家一样，随便吃，可劲儿吃，别提减肥的事儿。

待遇确实不错，但这不是李白想要的生活，不然他也不会千里迢迢地从安州跑到长安，他想要的是建功立业，希望自己能够施展平生所学，让人生发出不一样的光。

这一天，王嵩、李白、阎正字一起结伴游玩。兴致上来了，王嵩带头做了一首诗，李白一看机会来了，也提笔写了一首，诗名叫《酬坊州王司马与阎正字对雪见赠》。

游子东南来，自宛适京国。
飘然无心云，倏忽复西北。
访戴昔未偶，寻嵇此相得。
愁颜发新欢，终宴叙前识。
阎公汉庭旧，沈郁富才力。
价重铜龙楼，声高重门侧。
宁期此相遇，华馆陪游息。
积雪明远峰，寒城锁春色。
主人苍生望，假我青云翼。
风水如见资，投竿佐皇极。

李白在诗中狠狠拍了王嵩一番马屁，说他德才兼备，是国家的栋梁、老百姓的依靠。当然，李白的重心不在这里，他在诗中委婉地表示，希

望王嵩能拉他一把，让他有机会实现政治抱负。

谁知王嵩是个大老粗，李白的诗他也看了，只是没有看透李白的心思，每天依旧让李白陪着他吃喝玩乐，至于推荐保举，则只字不提。

李白失望了，张垍指望不上，李粲那里没戏，看来王嵩

王嵩：吃吃喝喝可以，其他帮不上呀。

也是如此，吃吃喝喝没问题，想借助他的力量出人头地，只是痴人说梦罢了。

再这样混下去自己就会成为废物一个，李白还有更为远大的理想追求，他要告别这平庸无聊的生活，他不能再在这种酒局饭局中沉沦下去。

第四章
别了，长安

是时候告辞了，临走前，满腹牢骚的李白，写了一首诗留给了王嵩，诗名为《留别王司马嵩》。

鲁连卖谈笑，岂是顾千金。
陶朱虽相越，本有五湖心。
余亦南阳子，时为《梁甫吟》。
苍山容偃蹇，白日惜颓侵。
愿一佐明主，功成还旧林。
西来何所为，孤剑托知音。
鸟爱碧山远，鱼游沧海深。
呼鹰过上蔡，卖畚向嵩岑。
他日闲相访，丘中有素琴。

千里马常有，伯乐不常有。李白不知道自己这匹“千里马”，什么时候才能遇到自己的知音与伯乐呢?

李白也不知道王嵩有没有明白这首诗的含义，无论如何，李白去意已决，他挥一挥衣袖，不带走一片云彩。

离开了王嵩的府邸后，李白为了得到朝廷的赏识，还干了一件特别愚蠢的事情——他玩起了斗鸡，试图以这样的方式引起宫中太监的注意。不过李白很快便幡然悔悟，他为自己这种下作的行为感到羞耻，及时明智地选择了退出。

信心满满地奔赴长安，却处处碰壁，在心灵饱受折磨后，李白决定回家，让疲惫的心灵好好休整一下。

听说李白要走，陆调匆匆带着朋友王炎赶来送行。他们三人都是“西漂”大军中的成员，因此，分外同病相怜，心有戚戚。

酒过三巡，微醺的李白在王炎的请求下，写了一篇《剑阁赋》送给他。

咸阳之南，直望五千里，见云峰之崔嵬。前有剑阁横断，倚青天而中开。上则松风萧飒瑟飔，有巴猿兮相哀。旁则飞湍走壑，洒石喷阁，汹涌而惊雷。

送佳人兮此去，复何时兮归来？望夫君兮安极，我沉吟兮叹息。视沧波之东注，悲白日之西匿。鸿别燕兮秋声，云愁秦而暝色。若明月出于剑阁兮，与君两乡对酒而相忆！

巴蜀大地优美壮丽的自然风光，“川北门户、蜀道咽喉”的雄伟剑阁，都在李白恣意汪洋的笔下得到了淋漓尽致地体现，尤其是最后一句“若明月出于剑阁兮，与君两乡对酒而相忆”，将“同是天涯沦落人”的惺惺相惜之感，以一种无声的方式渲染到了极致。

王炎看后，击掌叫好，他和李白一样，晋升无路，飘零半生，《剑阁赋》令他感同身受。此刻，他有了想去巴蜀大地游览一番的冲动，心绪激荡之余，他请求李白再创作一首。

李白端起酒杯，一饮而尽，随后诗兴大发，缓缓吟出一首《送友人入蜀》的佳作。

见说蚕丛路，崎岖不易行。

山从人面起，云傍马头生。

芳树笼秦栈，春流绕蜀城。

升沉应已定，不必问君平。

好朋友，就应当知无不言，言无不尽，在这分别时刻，李白的千言万语，都汇聚在了这首诗里。他推心置腹地告诉王炎，个人的功名利禄，人生的浮浮沉沉，都好似注定了一般，明白了这个道理，就可以放下纠结的心态，勇敢地面对现实。

纵观全诗，风格清新俊逸，语言变化万千，因此，后人将这首诗赞誉为“五律正宗”。

当李白还沉浸在诗词所表达的意境中时，座

中突然响起了铿锵悦耳的琴声，曲声清越，如高山流水，又似空谷回音，醉意朦胧的李白打起精神，侧耳细听，竟渐渐被这曲子带入了一种缥缈空灵的氛围之中。

看到李白听得入了神，王炎俯身上前，告诉他这首曲子名叫《蜀道难》，是一首古乐府琴曲，只是有曲谱而无曲词，但他相信，李白一定能为这首曲子配上合乎意境的词。

“蜀道难，蜀道难！”回到住处的李白，依旧心绪难平。一整天来，他都沉浸在即将离开长安，和好友天各一方的感慨中。自身命运的波澜起伏，前程未来的莫测，壮志难酬的愤懑，再回想白天宴会上《蜀道难》古乐府动人的旋律……各种画面在他脑海中如走马灯一样转啊转，让李白心中一直有一种不吐不快、一吐为快的冲动，于是，一篇行云流水的《蜀道难》从李白的笔下喷涌而出。

噫吁嚱，危乎高哉！
蜀道之难，难于上青天！
蚕丛及鱼凫，开国何茫然！
尔来四万八千岁，不与秦塞通人烟。
西当太白有鸟道，可以横绝峨眉巅。
地崩山摧壮士死，然后天梯石栈相钩连。
上有六龙回日之高标，下有冲波逆折之回川。
黄鹤之飞尚不得过，猿猱欲度愁攀援。
青泥何盘盘，百步九折萦岩峦。

扪参历井仰胁息，以手抚膺坐长叹。

问君西游何时还？畏途巉岩不可攀。

但见悲鸟号古木，雄飞雌从绕林间。

又闻子规啼夜月，愁空山。

蜀道之难，难于上青天，使人听此凋朱颜！

连峰去天不盈尺，枯松倒挂倚绝壁。

飞湍瀑流争喧豗，砯崖转石万壑雷。

其险也如此，嗟尔远道之人胡为乎来哉！

剑阁峥嵘而崔嵬，一夫当关，万夫莫开。

所守或匪亲，化为狼与豺。

朝避猛虎，夕避长蛇。

磨牙吮血，杀人如麻。

锦城虽云乐，不如早还家。

蜀道之难，难于上青天，侧身西望长咨嗟！

蜀道难行，山势险峻，横绝峨眉，自古以来便绝少人烟，李白在这里写“蜀道难，难于上青天”，其实更多的是为了抒发怀才不遇的愤慨。多年来处处碰壁的他，需要有一个宣泄的渠道，他终于通过《蜀道难》这篇千古雄文，找到了一个可以任由情绪奔涌的空间。

《蜀道难》成为李白艺术创作上的巅峰。雄浑瑰丽的语言，摇曳生姿的场景描绘，李白以这样一篇《蜀道难》，凭借一己之力，就将大唐的诗文化带到了一个新的高度。

好了，李白怀才不遇，对于失意落魄的李白个人来说，是不幸的，但对于大唐的诗坛，对于中国诗文化的演进，又是幸运的。因为李白的不幸，我们才有幸读到了这一首又一首大气磅礴、跌宕奔腾又充满灵韵风姿的诗篇。从《剑阁赋》到《送友人入蜀》，再到《蜀道难》，无不如此。

返回故乡的李白，迎接他的是白发苍苍的老母亲，当年那个剑术高超、鼓励他走出家乡的老父亲，已经悄然离开了这个人世。

不管怎样，他终于回来了，回到了他可以寻梦的童年乐园。闲下来的李白，有时间就去找好友孟浩然饮酒聊天。孟浩然隐居避世，也是豪气干云的性情中人。同是大唐诗坛“扛鼎”

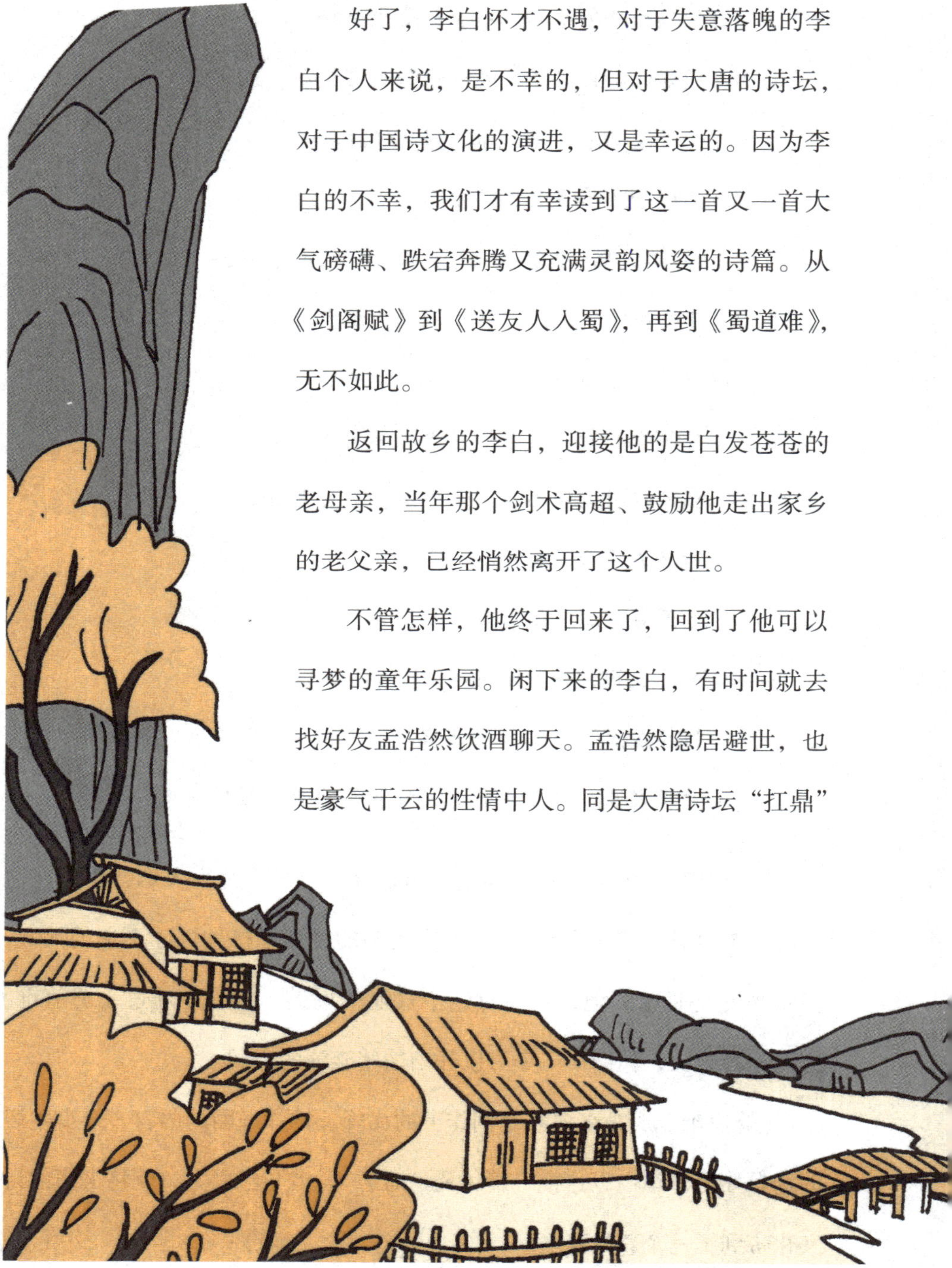

式人物的两人，一杯薄酒在手，笑看云卷云舒，倦鸟晚归。

也许在孟浩然这里，李白找到了心灵归宿。两人随意的闲谈都可以引发彼此精神上的共鸣。李白有感而发，寥寥数笔，便创作出了一首《襄阳歌》。

落日欲没岘山西，倒著接篱花下迷。

襄阳小儿齐拍手，拦街争唱白铜鞮。

旁人借问笑何事，笑杀山翁醉似泥。

鸬鹚杓，鹦鹉杯。

百年三万六千日，一日须倾三百杯。

李母：以后哪里也别去了，就在老妈跟前待着。
李白：跑来跑去，还是家乡好。

遥看汉水鸭头绿，恰似葡萄初酦醅。

此江若变作春酒，垒曲便筑糟丘台。

千金骏马换小妾，笑坐雕鞍歌落梅。

车旁侧挂一壶酒，凤笙龙管行相催。

咸阳市中叹黄犬，何如月下倾金罍。

君不见晋朝羊公一片石，龟头剥落生莓苔。

泪亦不能为之堕，心亦不能为之哀。

清风朗月不用一钱买，玉山自倒非人推。

舒州杓，力士铛，李白与尔同死生。

襄王云雨今安在？江水东流猿夜声。

从这首诗中，我们看到的是“今朝有酒今朝醉”的李白，他似“清风明月不用一钱买”的洒脱，他以酒为媒，吐尽心中的不平之气。

桀骜不驯、自负张扬的李白，很难被那些循规蹈矩的大臣们所喜欢、所赏识，因此，他每一次拜会权贵的结果都只能是黯然收场。满腹才情始终得不到尽情施展，郁郁不得志的愤懑成了李白心头挥之不去的阴影。

小小的故乡，安下了李白的肉身，安不下李白躁动的灵魂。李白在老家逗留期间，先后拜访了隐居在嵩山的元丹丘和江夏的崔宗之等人。

和崔宗之相会时，李白还与他同去吊唁了诸葛亮。虽然相隔数百年，但时空的距离挡不住他和诸葛亮之间的情感交流。李白想到诸葛亮青年时期“躬耕于南阳”，在乱世之中坚守自我操守和理想，后被刘备赏识，三顾茅庐，最终辅佐刘备“三分天下”。与诸葛亮相比，自己的这点苦难和波折，又算得了什么？

一念至此，李白才思涌动，挥笔写下了《梁甫吟》这一古乐府。

长啸梁甫吟，何时见阳春？君不见，朝歌屠叟辞棘津，八十西来钓渭滨。宁羞白发照清水，逢时吐气思经纶。广张三千六百钓，风期暗与文王亲。大贤虎变愚不测，当年颇似寻常人。君不见，高阳酒徒起草中，长揖山东隆准公。入门不拜骋雄辩，两女辍洗来趋风。东下齐城七十二，指挥楚汉如旋蓬。狂客落魄尚如此，何况壮士当群雄！我欲攀龙见明主，雷公砰訇震天鼓。帝傍投壶多玉女，三时大笑开电光，倏烁晦冥起风雨。阊阖九门不可通，以额扣关阍者怒。白日不照我精诚，杞国无事忧天倾。猰貐磨牙竞人肉，驺虞不折生草茎。手接飞猱搏雕虎，侧足焦原未言苦。智者可卷愚者豪，世人见我轻鸿毛。力排南山三壮士，齐相杀之费二桃。吴楚弄兵无剧孟，亚夫咍尔为徒劳。梁甫吟，梁甫吟，声正悲。张公两龙剑，神物合有时。风云感会起屠钓，大人峗屼当安之。

从这首古乐府中不难看出，这时的李白已经看开了很多。他将人生的磨难当作一种宝贵的财富，认为如果暂时被现实的困境束缚，那就不妨静下心来，伺机而动。一旦有合适的机会，他会勇敢地伸出手去抓住时代赐予他的机遇，开创一飞冲天的辉煌。

元演是李白好友元丹丘的从兄，与李白相识后，两人也是一见如故。不久后，元演的父亲担任太原尹，李白在元演的邀请下，来到太原小住。

从太原返回后，李白又和元丹丘不期而遇。

看到李白，元丹丘格外高兴，他告诉李白，现在正是春光明媚的大好时光，听说洛阳牡丹不错，闻名天下，两人正巧都没有什么重要的事，为什么不去洛阳看一看牡丹呢？

先前的时候，李白去过几次洛阳，但这一次和好友元丹丘故地重游，别有一番感受。就这样，潇洒的李白没有半点儿犹豫，和元丹丘来了一场说走就走的旅行。

洛阳这座历史文化古城，让李白流连忘返。春日迟迟的古城里，留下了他们寻访胜景的脚

元丹丘：听说洛阳不错，没事散散心吧。
李白：我最爱洛阳牡丹了。

步，李白和元丹丘一起尽情欣赏着古城动人的美景。

这一天，日暮时分，李白和元丹丘游玩累了，在一家酒楼开怀畅饮，美酒入喉，李白顿感连日的疲劳一扫而空，不由连声赞叹：“好酒，好酒！”

元丹丘也笑意吟吟地看向李白，两人相识多年，他无比欣赏眼前这个性情洒脱的男子。虽然求仕之路饱受打击，但他心胸开阔，总是能够从人生的种种不如意中找到可以安慰自己的乐趣，这种乐观向上的积极心态，一直深深感染着元丹丘。

不远处，笛声悠扬，如天籁之音。元丹丘

打趣地对李白说：“老兄，美酒配好诗，我猜想你的肚子里是不是已经酝酿好一首好诗了呢？”

李白仰天大笑，他缓缓起身，踱步到窗前，略微思索了片刻，一首《春夜洛城闻笛》从他口中轻轻吟诵而出。

谁家玉笛暗飞声，散入春风满洛城。

此夜曲中闻折柳，何人不起故园情。

想家了，李白从第一次前往京都长安之后，一直在外四处漂泊，和妻子聚少离多。眼前动人的美景和惹人思乡的笛声，让向来习惯了四海为家的李白，也不免生出了浓浓的思乡之情。

“此夜曲中闻折柳，何人不起故园情。”李白想起了远方的妻儿，想起了年迈的老母亲。游子半生，此刻的他，恨不得肋生双翅，飞回到温暖的故乡，享受亲情的幸福滋味。

或许真的是思念所致，第二天，李白早早醒来，便和元丹丘辞行，表示要回家看一看。元丹丘自然也非常理解李白的内心感受，他没有过多挽留，和李白挥手道别，自己则独自一人返回嵩山。

两人分开后不久，元丹丘这里却来了一名陌生的访客。对方主动自报家门，说他名叫岑勋，是李白的“铁杆粉丝”，这几年来一直拜读李白的大作，对李白崇拜得不得了，这不，他一听说李白在嵩山隐居，就马不停蹄地赶了过来，想和李白聊聊天、谈谈心。

元丹丘笑了，他从岑勋的脸上，看到了这位年轻的文学小青年对诗坛的向往，那一份热烈和执着深深打动了元丹丘。在大唐这个开放自由的国度中，每个有才华的人都怀揣着一份炙热的美好，他不能辜负眼前这位年轻人的期待。

二话不说，元丹丘当着对方的面给李白写信，信上说你的一位粉丝不辞辛苦，跑到嵩山来拜访你，谁知不巧你刚刚离开，如果有时间的话，我还是希望你能见一见这名文学青年，他现在住在我这里不走了，看来也是迫切地想要见到你。

李白接到了元丹丘的信后，嘴角泛起了一丝微微的笑意。没想到他李白从当初的文坛新秀，如今成为其他人崇拜的对象，这份小小的虚荣让李白的内心得到了极大的满足，从这位文学青年的行动上看，至少自己已经在大唐的诗坛上有了一席之地。

当然，这位文学青年的执着和热忱也深深地打动了李白，对方长途奔波，就为了见一见心中的文坛高手，这样单纯的举动充分表明了对方对文学的热爱，还有什么可犹豫的呢？看完信之后，李白立即取道返回嵩山，和岑勋相见。

对岑勋而言，李白的大名早已如雷贯耳，李白流传于当世的很多诗歌名篇，岑勋也是熟记在心，张口就来。令岑勋想不到的是，这位自己倾慕已久的“诗坛名人”，对自己这样一位文学新秀竟然这般重视，感动得他，差一点儿流下眼泪来。

一番相谈后，李白这才得知自己的大名早已在诗坛上流传开来。自己一不小心竟成了一位“名家”，这让李白既激动又兴奋，看来以后自己出门应当随身带上纸和笔什么的，要不然突然遇到粉丝索要签名怎么办?

好了，其他先别说，现在先把岑勋的签名解决了吧，自己的粉丝自己宠。

李白和岑勋一见如故，他们和元丹丘一起，在嵩山度过了一段快乐的时光，每天读读诗，谈谈文，聊一聊家国大事，活得真实且惬意。

结交了一个新粉丝，李白的心情也变得格外好，这天他早早睡醒，简单酝酿了一会儿，接着大笔一挥，写了一首《酬岑勋见寻就元丹丘对酒相待，以诗见招》送给岑勋。

黄鹤东南来，寄书写心曲。
倚松开其缄，忆我肠断续。
不以千里遥，命驾来相招。
中逢元丹丘，登岭宴碧霄。
对酒忽思我，长啸临清飙。
蹇予未相知，茫茫绿云垂。
俄然素书及，解此长渴饥。
策马望山月，途穷造阶墀。
喜兹一会面，若睹琼树枝。
忆君我远来，我欢方速至。
开颜酌美酒，乐极忽成醉。
我情既不浅，君意方亦深。
相知两相得，一顾轻千金。

且向山客笑，与君论素心。

看到自己崇拜的诗坛高手写诗相赠，岑勋自然高兴坏了，他将干了墨迹的诗篇视如珍宝，放进了自己的行囊里，表示将来下山之后，一定要把李白的诗继续传扬出去，进一步扩大李白在诗坛的影响力。

又是一个明媚的早晨，岑勋和李白早饭后结伴爬山游览，他们一直爬到了嵩山的最高处。“山高人为峰”，从嵩山山顶望去，顿觉天也低了，地也阔了，辽阔苍茫的大地上，一条黄色的“带子”弯弯曲曲，向着远方奔流而去。

“这就是黄河啊，站在高处看，果然气势万千，非同凡响。”岑勋站在李白的身边，心旌摇荡，思绪万千，他想要吟诗一首，但看向旁边的李白，这位自己倾慕的“诗坛高手”，此刻的脸上却是一副肃穆沉思的神色。

“诗坛高手又要作诗了！我一定要好好记下来。”和李白相处了一段时间的岑勋，摸清了李白的规律，每当李白心情大好或者神色肃然的时候，肯定是在悄悄酝酿着诗句。如果把李白比作一只辛勤的蚕，那么饱尝生活波折的他，张嘴一吐，就是一首首大气磅礴、想象力奇特而丰富的诗篇。

果然，当眼前的红日转到两人的头顶上时，李白面对着山脚下滔滔奔流的黄河之水，突然大声吟诵道：“君不见黄河之水天上来，奔流到海不复回。君不见高堂明镜悲白发，朝如青丝暮成雪。人生得意须尽欢，莫使金樽空对月。天生我材必有用，千金散尽还复来。烹羊宰牛且为乐，会须一饮三百杯。岑夫子，丹丘生，将进酒，杯莫停。与君歌一曲，请君为我倾耳听。钟鼓馔玉不足贵，但愿长醉不复醒。古来圣贤皆寂寞，惟有饮者留其名。陈王昔时宴平乐，斗酒十千恣欢谑。主人何为言少钱，径须沽取对君酌。五花马、千金裘，呼儿将出换美酒，与尔同销万古愁。”

这便是李白众多诗篇中的名作之一《将进酒》，整首诗读起来朗朗上口，音节铿锵，令人回味无穷。在这首诗中，李白抒发了自己怀才不遇的愤慨和人到中年一事无成的苦恼。“君不见高堂明镜悲白发，朝如青丝暮成雪”也表达了诗人对大好青春易逝的感慨。

不过，纵观整首诗的意境，诗人更着重展现乐观向上的积极人生态度。“人生得意须尽欢，莫使金樽空对月。天生我材必有用，千金散尽还复来。”从这

些诗句中，人们感受到了诗人那旷达豪迈的情怀。芸芸众生，每个人都是尘世间的匆匆过客，最终都将走向“尘归尘，土归土”的结局，所以何必为那些不开心的事情而耿耿于怀呢？

来来来，喝了这杯，还有三杯。“五花马、千金裘，呼儿将出换美酒，与尔同销万古愁。”李白的豁达与豪迈，在这首诗中得到了充分的展现。

岑勋：来个签名，以后出去我就能吹牛了。

岑勋就在一边静静地听着。从这一刻起，他对眼前这位伟大的诗人，有了更深的理解和认识，他对诗人的遭遇和苦闷感同身受，如果可以，他愿意化作诗人笔下那一个个跳动的字符，去为诗人的一生做注脚。

有相遇就有分别。李白很高兴认识岑勋这样的粉丝，也感谢他陪伴自己度过了这一段快乐的时光；而对于自己心目中的偶像，相处的日子越久，岑勋就越发敬仰李白，高山仰止，景行行止。这段美好的相聚，将深深地影响他的后半生。

从嵩山返回安陆后，李白开始陷入了深深的自责之中。

人到中年的他，很少陪伴在妻子和儿女身边，这一次回家，他发现妻子竟然生病了，而且病得非常重。尽管李白多方延请名医为妻子诊治，但也回天乏术，在他回家的半年后，妻子还是因病离开了人世。

李白为此痛苦自责了好久，如果不是自己当初年轻气盛，一直在求仕的道路上苦苦奔走，如果不是他流连于大唐的壮美河山，不管不顾地游历四方，妻子也许不会这样早走。如果时光能够倒流，他愿意陪伴在妻子的身边，每日诗词书画，教育儿女，携手共度余生。

只是一切都没有如果，匆匆向前流逝不停的时光也从来不给李白后悔的机会，他的结发之妻，还是早早地离去了，留下李白独自一人活在内疚和懊悔中。

妻子的离去，成为李白远离安陆的重要因素，他要离开这个令他伤心的地方，换一个新的环境，换一种生活，渐渐忘却昔日的伤与痛。

就这样，李白变卖家产，带着一双儿女，踏上了前往东鲁（在今山东济宁）的路程。李白之所以选择这里，是因为他有一些亲朋好友在东鲁工作。人生地不熟的他来到东鲁，有这些人的帮衬，对于异乡客，多少是一种安慰。

李白来到东鲁后，很快有了一个新的结交目标，对方是金吾将军裴旻。当时的裴旻，正赋闲在家，李白愿意和他结交，是因为裴旻有一手高超的剑术，并因此而闻名天下。

练剑的人多了去了，裴旻有什么过人的地方，令李白如此羡慕与敬仰呢？

先来看看裴旻彪悍的人生经历吧！他年轻的时候，跟随信安王李祎西征吐蕃，北伐林胡，立下赫赫战功，长期的军事生涯，实打实的实践磨炼，让他的剑术更加高超。

在当时，裴旻有着“剑圣”的美誉，可以说，裴旻就是妥妥的剑术领域的“大牛”。从小就爱好剑术的李白，早就听说了裴旻不一般的英雄事迹，这一次他来到东鲁，自然不能白白错过这样的大好机会。

一番精心准备后，李白兴冲冲地登门拜访。此时的李白，也在诗坛上闯荡出了自己的名气。“李白”两个字，就是他行走四方的“金字招牌”。裴旻对李白也略有所闻，于是热情地将李白迎了进去。

来到裴旻的府上，见到了自己心目中的偶像，李白高兴极了，没想到还有一个更大的惊喜在等着他，原来绘画圣手吴道子也在这里！真是高手云集，鸿儒雅聚！在这些大师面前，已经有名气的李白也得拿出谦虚低调的姿态，像一个规规矩矩的小学生一般。

遗憾的是，裴旻早已厌倦了朝廷的是是非非，也无心教授李白剑术，李白还幻想着自身剑术更上一层楼楼！可惜，美梦就这样被现实无情地浇灭了。

鲁地儒学兴盛，时间久了，李白发现，这里的读书人身上都有着一股“腐儒”的气息，用流行的话来形容，就是有点儿“穷酸秀才”的感觉，有些人明明没什么本事，还自觉高人一等，这和李白豪放不羁的气质修养格格不入。对此，李白

裴旻：你好好写诗吧，别想太多。
李白：我想成为侠客，练剑是个好办法。

还曾写了一首《嘲鲁儒》加以讽刺。

鲁叟谈五经，白发死章句。
问以经济策，茫如坠烟雾。
足著远游履，首戴方山巾。
缓步从直道，未行先起尘。
秦家丞相府，不重褒衣人。
君非叔孙通，与我本殊伦。
时事且未达，归耕汶水滨。

这首诗幽默风趣，文笔老辣，讽刺入木三分。一句话，道不同不相为谋，大路朝天，咱们各走一边。

在许氏去世之后，曾有一位刘氏女子陪伴李白生活，但是和原配许氏相比，刘氏爱慕虚荣，二人矛盾重重，他们的结合注定是难以长久的。

更令李白苦恼的是，漂泊半生，他的未来和出路究竟在哪里呢？

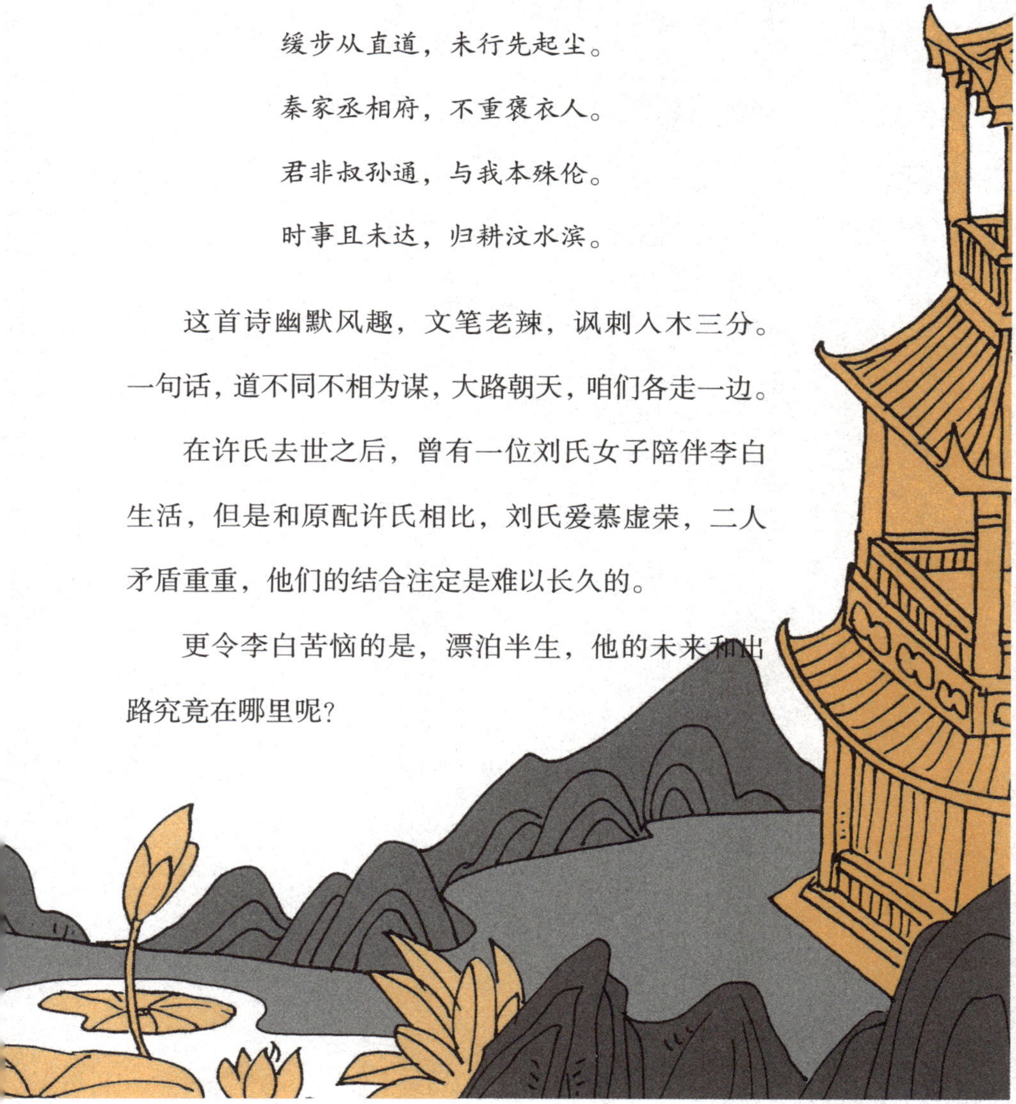

第五章
宦海风云

婚姻不幸，未来又无比迷茫，李白陷入了借酒浇愁的苦闷之中。

这日子怎么过呀？一天天地，李白自己都发愁上火。

这天，李白正在苍山县（在今山东临沂）兰陵的一家小酒馆里独自喝闷酒。不知不觉间，几壶酒下肚，酒劲儿开始上涌，有些微醺的李白望着街上来来往往的行人，陷入了沉思。他感觉这时的自己就像是一个哲学家，脑海里充满了对理想、事业和爱情的思考。

李白刚陷入哲学家的思维模式里，就被一个人打断了。

只见门外闪进一个身影，对方进来后，环顾了一圈，然后径直来到李白跟前，客气地询问道：“请问您是太白先生吗？”

李白下意识地点了点头，对方一看得到肯定的回复，急忙将手中的两条鲜鱼和一坛黄酒摆在了李白的面前，一脸笑意地表示这是当地的土特产，也是自己的一份小心意。作为李白的粉丝，他希望，如果方便的话，能和偶像痛痛快快喝上几杯。

有美酒，有鱼肉，又有人陪着自己唠嗑，再说还是自己的忠实粉丝，还有什么理由拒绝呢？李白当即点头，笑逐颜开地请对方坐下，唤店小二赶快拿筷子和酒杯，把对方带来的肥美鲜鱼也好好料理一下，今天一定要不醉不归。

没多长时间，酒杯碰过几次，李白和来人就拉近了彼此的距离。一番交谈后，李白得知对方名叫逄七郎，在当地的县衙当一名小吏，他偶然得知偶像来到了苍山县，高兴得一夜都没睡好觉，想着要赶快抽时间去见一见偶像。

他知道李白爱喝酒，而且无酒不欢，于是天一亮，他就上街购买了一些美酒和鲜鱼，奔着酒馆就来了，没别的意思，就是特意前来拜访一下李白，和偶像见个面聊一聊。

二人一见如故。逄七郎的一番自我介绍，让李白的愁闷一扫而空。从言谈举止中不难看出，逄七郎是一个既爽快又坦诚厚道的小伙子。李白就喜欢和这类人打交道，两人吃着鱼，喝着酒，越聊越投机，越聊越亲近。

看着时机差不多了，逄七郎请求李白写上一首诗，并为他签名留念，作为粉丝的他也好收藏起来，以后有机会给朋友们好好炫耀一番。

李白听了哈哈大笑，逄七郎的这点小心思他还是明白的，再说在落魄的时候被人赏识也是一件足以宽慰人心的事情，不就是写首诗吗？手到擒来，小事一桩。

当下李白也不客气，要来纸和笔，略略酝酿了一下感情，提笔龙飞凤舞，很快写了一首《酬中都小吏携斗酒双鱼于逆旅见赠》的诗送给逢七郎。

鲁酒若琥珀，汶鱼紫锦鳞。

山东豪吏有俊气，手携此物赠远人。

意气相倾两相顾，斗酒双鱼表情素。

双鳃呀呷鳍鬣张，拨剌银盘欲飞去。

呼儿拂几霜刃挥，红肌花落白雪霏。

为君下箸一餐饱，醉著金鞍上马归。

写完之后，李白也不用逄七郎提醒，直接签上自己的大名，用印盖章。随后，他左看右看，感觉意犹未尽，便又写了一首《客中行》送给对方。

兰陵美酒郁金香，玉碗盛来琥珀光。

但使主人能醉客，不知何处是他乡。

逄七郎激动坏了，想不到，他无论如何也想不到，真是意外之喜，想着偶像能写一首诗、签个名，自己就非常满意了，谁知道竟激发了李白的诗兴，一连写了两首，今天真是收获满满呀！满意，相当满意！

人生难得几知己。和粉丝逢七郎见面，李白尽兴而归，他不知道的是，自己命运的转折点也即将到来。他梦寐以求的机会终于来了。

大唐国力蒸蒸日上，一派太平盛世、歌舞升平。开元二十九年（741）初，唐玄宗一高兴，就下了一道旨意，说是对于那些精通儒学、有知识、有学问的布衣平民，包括民间懂得文韬武略的有才之士，地方官都可以向他推荐，来者不拒，多多益善，他要来一个幸运大抽奖，有眼缘了就量才录用，不拘一格地提拔上去。

唐玄宗的意思很明显，一句话，不能让人才埋没，不能让明珠蒙尘，他要当一个知人善任的好皇帝，让大家都有口饭吃。

当然，用谁不用谁，谁是人才谁是滥竽充数的，最终解释权在玄宗皇帝自己的手里，他要的就是这种君临天下的满足感。

李白的朋友圈里面，第一个受益的便是道士元丹丘。元丹丘修道多年，名声在外，大唐历代皇帝都信奉道教，有人就将他推荐了上去。

李白得知消息，又是高兴，又是伤感。高兴的是，老友这次幸运地得到了皇帝的赏识，终于被好运眷顾，多年的媳妇总算熬出来了；伤感的是，自己人到中年，白发都悄悄爬满了双鬓，不知道这种幸运的事情，什么时候可以轮到自己。

元丹丘同情李白，想要安慰他，千言万语涌上心头，却又不知道该从什么地方说起。李白明白好友的心意，有什么办法呢？他只能苦笑一下，拿起笔写了一首《秋日炼药院镊白发，赠元六兄林宗》，算是一种自我的心灵独白。

木落识岁秋，瓶冰知天寒。
桂枝日已绿，拂雪凌云端。
弱龄接光景，矫翼攀鸿鸾。
投分三十载，荣枯同所欢。
长吁望青云，镊白坐相看。
秋颜入晓镜，壮发凋危冠。
穷与鲍生贾，饥从漂母餐。
时来极天人，道在岂吟叹。
乐毅方适赵，苏秦初说韩。
卷舒固在我，何事空摧残。

在这首诗中，李白一面感叹时光匆匆，年华易逝，另一面还心态乐观地表示，他李白现在还不是太老，三四十岁正当年，正处于男人的黄金期，如果有机会，还能为大唐发一份光，出一份力。

元丹丘郑重地将诗收了起来，然后拍着胸脯对李白表示，一旦他到了京都，会想尽办法举荐李白，请他多一点耐心，等候他的好消息。

作为朋友，发达了不忘本，元丹丘这一点很够意思。

好兄弟，就靠你了。别人打包票，李白也许还不太相信，但对于老友的保证，李白百分百相信，在他的无限期盼中，元丹丘起身上路，赶往京都。

元丹丘走后，李白望眼欲穿，每天掰着指头数日子，从春到秋，李白在焦虑不安中苦苦等待着来自京都的消息。

一转眼，花开花落，四季轮回，一年多的时间过去了，一点儿消息都没有，李白的心渐渐沉到了谷底，难道连挚友元丹丘都拿自己开涮吗？

李白不愿相信，不敢相信，也没有理由能让他相信。

正当李白快要绝望、崩溃时，好消息终于来了。天宝元年（742）八月，朝廷下旨，

元丹丘：放心吧哥哥，一切有我，不会忘了你的。
李白：兄弟你一定要当回事，哥哥就指望你了。

宣李白进京面圣。

这一切，自然都是元丹丘运作的结果。他到了京都后，心里一直没有忘记李白的重托，最后他终于找到了机会，在玉真公主面前推荐了李白，说李白文采很不错，是难得的人才。然后，通过玉真公主的游说，唐玄宗对李白产生了兴趣，这才发来正式的“邀请函”。

这一年，李白四十一岁。在一个还算不太晚的年纪，他迎来了人生的高光时刻。

出发前，李白无比兴奋，专程返回孩子们的身边，和他们分享这一令人喜悦的消息，告诉他们老父亲这一次总算苦尽甘来了，为此他还特意写了《南陵别儿童入京》诗以示纪念。

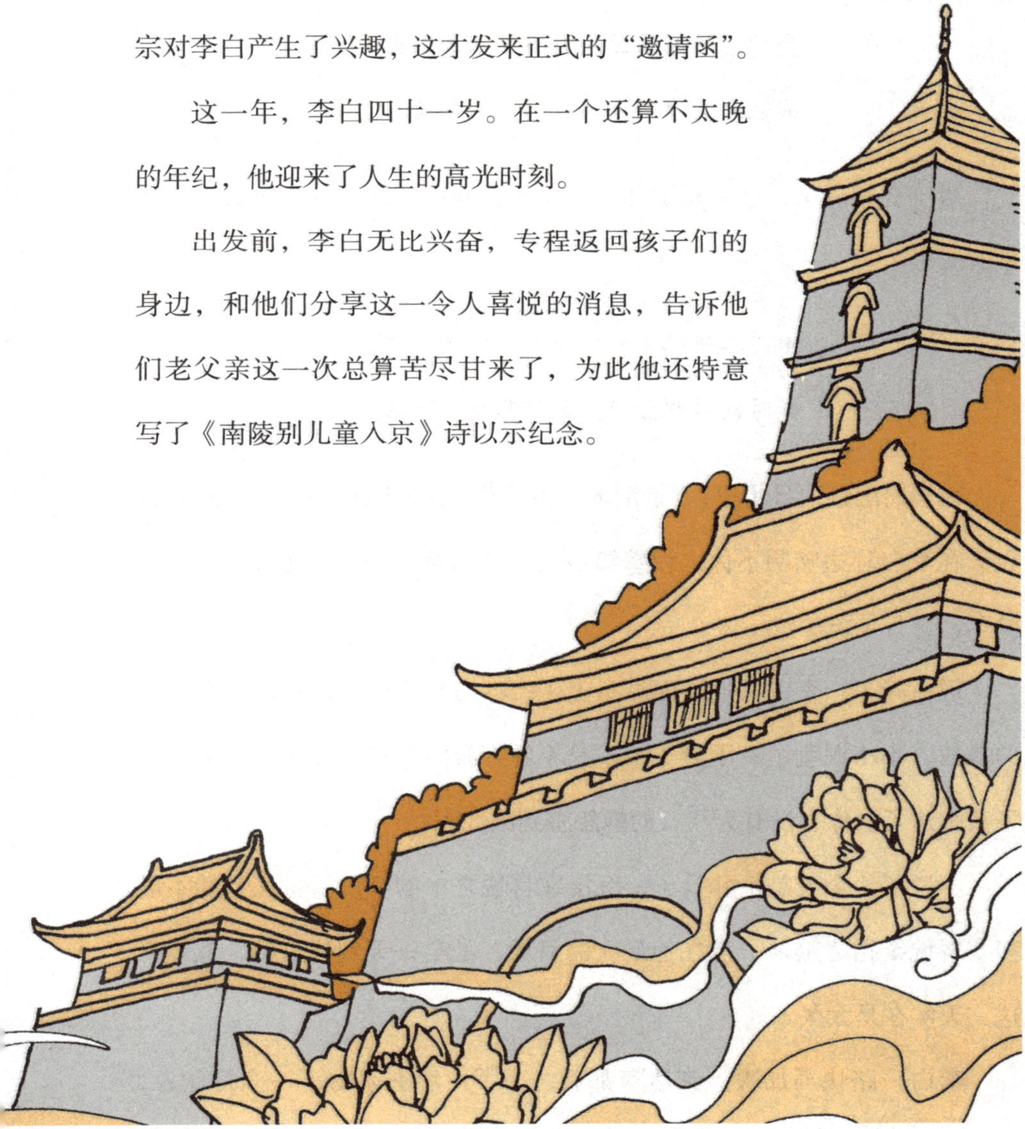

白酒新熟山中归，黄鸡啄黍秋正肥。
呼童烹鸡酌白酒，儿女嬉笑牵人衣。
高歌取醉欲自慰，起舞落日争光辉。
游说万乘苦不早，著鞭跨马涉远道。
会稽愚妇轻买臣，予亦辞家西入秦。
仰天大笑出门去，我辈岂是蓬蒿人。

对于二婚妻子，李白写了几首诗给她，其中《别内赴征·其二》特别有意思。

出门妻子强牵衣，问我西行几日归。
归时倘佩黄金印，莫学苏秦不下机。

在李白困顿的日子里，妻子渐渐心生埋怨，她不理解李白的胸襟抱负，天天在李白耳边唠叨不休，说嫁给他真是自己瞎了眼，要房没房，要车没车，这日子没法过了。

现在好了，李白马上要面见皇上了，李白在诗中借用战国时期苏秦的典故，小小讽刺了一下妻子：不是不看好我吗？现在你丈夫马上就要飞黄腾达了，你有没有为往日的抱怨感到脸红呢？

不说了，今天是个好日子，沉浸在喜悦之中的李白，将往日的不堪和羞辱统统抛之脑后。现在他最大的目标，是早一天到达京都，他等待这一天实在是太久了。

李白一路快马加鞭。到达京都后，为了给唐玄宗留下一个好印象，他连夜伏案写作，修修改改，在耗费了无数脑细胞后，终于完成了《宣唐鸿猷》这篇文章，想给玄宗皇帝提建议。

李白的用意很简单，他必须抓住这样一个难得的机会，让唐玄宗相信他是一个腹有良谋、掌有千秋的人才。

李白对自己这篇洋洋洒洒的大作很满意，唐玄宗看了后果然也对李白竖起了大拇指。他看到李白不仅文章写得好，还一表人才，风流儒雅，谈吐得体，心里一高兴，就封李白为翰林待诏，这样李白就成了随时为唐玄宗提供咨询服务的“贴身跟班”。也就是说，皇上遇到犹豫不决的问题时，李白就在旁边负责答疑解惑。

什么叫一步登天？这时的李白就是一个活生生的例子。仿佛做梦一样，李白一个转身，就成了皇上身边的红人。人生就像过山车，上一秒还在谷底，下一秒就爬上了山巅，李白切切实实体验到了。

自从和李白相见后，唐玄宗也很青睐他，有事没事就拉着李白聊家常，就连去骊山华清池温泉洗个澡，也要喊上李白一起去，完完全全不把李白当外人。

这么值得夸耀的事情，当然得写诗留念呀！泡完了温泉，李白很快就写好了《驾去温泉后赠杨山人》一诗，在好友群里四处发了一遍。

少年落魄楚汉间，风尘萧瑟多苦颜。

自言管葛竟谁许，长吁莫错还闭关。

一朝君王垂拂拭，剖心输丹雪胸臆。

忽蒙白日回景光，直上青云生羽翼。

幸陪鸾辇出鸿都，身骑飞龙天马驹。

王公大人借颜色，金璋紫绶来相趋。

当时结交何纷纷，片言道合惟有君。

待吾尽节报明主，然后相携卧白云。

李白之所以得到唐玄宗的赏识，也是因为他确实有一肚子的墨水，无论是赋诗还是写文，总是能一挥而就，提笔就来，倚马可待。

有一天，唐玄宗和杨贵妃一起在园子里欣赏各色牡丹。作为写诗高手，李白自然也陪着

唐玄宗：以后跟着朕混，保管爱卿吃香的，喝辣的，过上好日子。

闲逛，这可是展示他才能的大好时机啊！想要几首应景的诗，玄宗皇帝第一个就想到了李白。

得到唐玄宗的指令后，文思泉涌的李白，眨眼间就写好了《清平调》三首。

其一

云想衣裳花想容，春风拂槛露华浓。

若非群玉山头见，会向瑶台月下逢。

其二

一枝秾艳露凝香，云雨巫山枉断肠。

借问汉宫谁得似，可怜飞燕倚新妆。

其三

名花倾国两相欢，长得君王带笑看。

解释春风无限恨，沉香亭北倚栏干。

唐玄宗看了，高兴得连连点头，大唐首屈一指的大乐师李龟年奉命谱曲奏乐，带领梨园弟子泛舟清唱。新词雅音，更让唐玄宗听得心花怒放，对李白高看一眼。

后世传说李白在皇上跟前写诗时，杨贵妃为他磨墨，高力士为他脱靴。故事就发生在这一时期，这也是李白一生中最为得意的一段时光，他曾梦寐以求、心心念念的场景，一一照进了现实。

成了皇上跟前红人的李白，自然也被京城的王公贵族看作可以巴结的对象，三日一小宴，五日一大宴，他们轮番排队宴请李白。

曾经给李白挖了一个“大坑”的张垍等人，变脸比翻书还快，他们厚着脸皮，纷纷赶来和李白套近乎，“李哥长、李哥短”地叫着，那股虚情假意的亲热劲儿，让李白听了浑身都起鸡皮疙瘩。

人生总是起起落落的，李白骤然间得到了玄宗的赏识。不过，在那个溜须拍马成风的年代，性情孤傲的李白，和世俗格格不入，终于在无意中得罪了玄宗以及他身边的那些近臣。

有一次，厌倦了酒桌上阿谀奉承那一套的李白，找个时间偷偷溜了出去，在一处安静的小酒馆里放下身心，一个人自斟自饮起来。

醉意朦胧时，宫中的太监满头大汗地找了过来，他们急忙搀扶着李白上了车，急匆匆向皇宫赶去。

原来，玄宗皇帝临时宣召李白写一篇文章。众人慌了，遍寻不到，费了九牛二虎之力才找到了李白。被召回宫内的李白，浑身上下酒气熏天，还因为呕吐弄脏了衣服，那模样真是要多狼狈就有多狼狈。

更让玄宗生气的是，这一次李白不知道什么缘故，也许是真的醉了，竟然才思枯竭，憋了老半天，才勉勉强强写了一篇文章出来。

从此以后，玄宗皇帝就开始疏远李白了，他觉得李白是不是有点儿飘了？李白也不在意，这一段时间，他跟随玄宗左右，发现那个曾经夙兴夜寐、励精图治的李隆基消失不见了，取而代之的是一个喜欢宴饮歌舞、纵情声色的荒淫帝王，围在皇帝身边的那群人，也大多是阿谀奉承之辈，貌似太平盛世的大唐，内里却涌动着一股不易被察觉的祸患与危机。

不理我是吧？没关系，我自己玩。

难得清静下来的李白，闲暇时便四处游逛。第二次来长安的李白，因为前一次探过路，对京城里的风景名胜早已熟稔于心，权当是故地重游了。

这一天，在终南山麓漫步的李白，竟和隐居在这里的大诗人贺知章

意外相遇了。

贺知章是诗坛名宿，李白的老前辈，两人的相识也有一段趣事。

当初李白接到玄宗皇帝的邀请函刚刚来到长安时，他和贺知章就有了第一次相遇。贺知章的大名，对李白来说早就如雷贯耳，不夸张地说，李白就是读贺知章的诗歌长大的，什么“碧玉妆成一树高，万条垂下绿丝绦”“莫言春度芳菲尽，别有中流采芰荷”，他张口就来。

当时已经步入暮年的贺知章，听见李白在自己面前轻声朗诵，真是激动坏了。李白这样的诗坛俊杰都是他的忠实粉丝，贺知章的心里别提多美了。他当即拉着李白来到了酒馆，无论如何两人都要喝上一杯。

有趣的是，两人光顾着喝酒谈天了，临到结账的

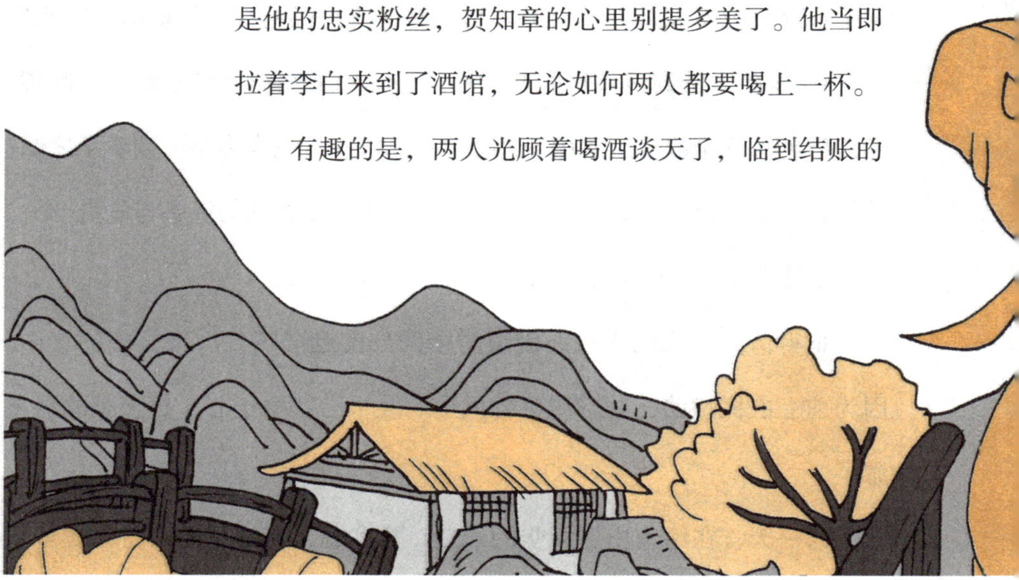

时候才发现，他们竟然都忘记了带银子，最后还是贺知章笑着将腰间的小金龟解了下来，押在了酒馆里，才避免了诸多尴尬。

由此，李白和贺知章成了惺惺相惜的忘年交。贺知章认为，李白才气非凡，好似天上的太白金星降临到凡间，未来的他，必定能够成为大唐诗坛最为璀璨夺目的那颗星。

这一次两人在终南山意外相遇，贺知章格外高兴，两人自然要开怀畅饮一番。饮酒期间，李白看到这位当过太子宾客的贺知章，闲适恬淡，小日子过得自由

李白：酒逢知己千杯少，和哥哥喝酒就是痛快。
贺知章：来来来，小老弟，咱哥俩一醉方休！

自在，不由感慨连连。直到这时李白才突然醒悟，先前自己苦苦追寻的功名利禄，原来并不是他内心真正想要的东西，田园自然，才是他最为向往的天地。

暂时闲下来的李白，有了大把的时间和文友们喝酒聚会，爱饮酒的李白，和有着同样爱好的贺知章、张旭、李琎、李适之、崔宗之、苏晋、焦遂等七人一起，时常宴饮。这八人之中有皇室贵胄，有当朝大臣，有书法名家，也有诗坛大腕，被人并称作“酒八仙人”。

大诗人杜甫后来还写了一篇《饮中八仙歌》，他以幽默风趣的文学性语言，描绘了李白等人大口喝酒、指点江山的豪情。

知章骑马似乘船，
眼花落井水底眠。
汝阳三斗始朝天，
道逢曲车口流涎，
恨不移封向酒泉。
左相日兴费万钱，
饮如长鲸吸百川，
衔杯乐圣称避贤。
宗之潇洒美少年，
举觞白眼望青天，
皎如玉树临风前。
苏晋长斋绣佛前，

醉中往往爱逃禅。
李白斗酒诗百篇，
长安市上酒家眠。
天子呼来不上船，
自称臣是酒中仙。
张旭三杯草圣传，
脱帽露顶王公前，
挥毫落纸如云烟。
焦遂五斗方卓然，
高谈雄辩惊四筵。

“天子呼来不上船，自称臣是酒中仙。”在杜甫笔下，李白这种洒脱不羁的性情，得到了淋漓尽致的展现。

酒，成了李白的精神寄托。

在这个浑浊的世间，也许只有在醉意朦胧中，李白才能有一丝心安与快意。

李白的内心深处，并不厌恶仕途。喝酒，也不是他真实的意愿。如果玄宗皇帝依旧是一位宵衣旰食的好皇帝，李白一定愿意为大唐的未来肝脑涂地，只是现实的种种，以及尔虞我诈的朝廷党派纷争，让李白心灰意冷。

中间也曾有过转机，让李白那颗渐渐冰冷的心又变得炙热起来。

有一天，好久没有召见李白的玄宗皇帝，突然心血来潮，派内侍找

到李白。当时李白正在汝阳郡王府庆贺新春的宴席上开怀畅饮，喝得兴高采烈，眉飞色舞，醉意朦胧。

等他被内侍拉到宫里时，酒醒了一大半的李白这才发现，今天玄宗皇帝是在兴庆宫勤政务本楼召见他。玄宗皇帝想让他起草诏书，准备派遣朔方节度使王忠嗣出师吐蕃。

勤政务本楼是皇帝办公的地方，这样看来，皇上终于不再纵情声色了，李白很高兴，按照玄宗皇帝的意思，洋洋洒洒写了一篇诏书呈了上去。

玄宗皇帝看过诏书后，非常满意，李白就是李白，文采没得说，写得甚合他意。他当场表示要提拔李白担任中书舍人的职务，这意味着从此以后，李白就正式成为一名大唐官员了，而不再是那个随时准备写诗的“小跟班”了。

李白：这朝廷没法待了，算了，辞职回老家。

李白高兴，兴奋得一夜辗转反侧，睡不踏实。

然而，理想很丰满，现实很骨感。第一天上朝，李白就目睹了京官的懒散和玄宗皇帝的自负。在讨论是否派兵出征的问题时，大多数大臣选择了明哲保身的做法，揣着明白装糊涂，谁也不愿发表自己的看法。

这样的朝堂令李白很失望，这不是他想象中的模样，大唐已经不是那个如日中天的王朝了。种种迹象表明，看似金碧辉煌的大唐，已经悄然开始走向衰落了。

李白思前想后，在一番痛苦的思索后，不愿违心混日子的他，做出了一个令人惊讶的决定：辞官返乡！

李白下定决心辞官返乡，还受到了贺知章的影响。

当时的贺知章，准确地说应该是老贺，已经八十多岁了，人到七十古来稀，古时候能活这么大年龄的确实不多见，看来贺家的基因挺不错，而且都这把年纪了，老贺还眼不花，耳不聋，精神矍铄。

贺知章早就想辞职不干了，奈何皇帝一直压着不批。眼看自己快九十了，贺知章落叶归根的念头越来越强烈，于是接二连三地向皇上递辞职报告，得不到批准就一直写，直到批准为止。

玄宗皇帝最后没办法，看着老贺一大把年纪也确实不容易，该回老家好好休养了，于是心一软，终于批了他的辞职报告。

辛辛苦苦为大唐服务了大半生，玄宗皇帝对贺知章的印象也不错，因此在老贺准备动身离开京城的那一天，玄宗皇帝带头，摆酒设宴，大家一起为贺知章开了一场退休老干部欢送会。

会上，玄宗皇帝挺煽情，热情洋溢地回顾了贺知章光辉的大半生，表示这次贺知章返回家乡后，一定要好好养身体，吃好喝好休息好，争取活他个一百岁。

欢送会现场气氛很热烈，玄宗皇帝发表完演讲后，还特地将李白叫来，让他也写首诗助助兴，谈谈送别老贺的感想。

还能有什么感想呢？趁着这个机会，夸一夸玄宗皇帝算了，是人都爱听顺耳的话，于是李白很快就写好了《送贺监归四明应制》这首诗。

久辞荣禄遂初衣，曾向长生说息机。

真诀自从茅氏得，恩波宁阻洞庭归。

瑶台含雾星辰满，仙峤浮空岛屿微。

借问欲栖珠树鹤，何年却向帝城飞。

玄宗皇帝看了喜笑颜开，君臣关系融洽，其乐融融，李白写得不错，挺会夸奖人的。

其实李白自己心里清楚，他是捏着鼻子写了这首诗，应付交差而已。转过头，李白偷偷找到贺知章，递给他一张小纸条，冲他不停地使眼色。贺知章疑惑地打开一看，是一首《送贺宾客归越》。

镜湖流水漾清波，狂客归舟逸兴多！

山阴道士如相见，应写黄庭换白鹅。

这首诗才是李白的真实意愿。他在诗中祝贺老贺，说老哥你从今天起终于自由了，龙入大海，虎归深山，再也不用天天打卡上班了，皇上的臭脸色更不用看，羡慕，太令人羡慕了！有机会我要向你学习、看齐！

贺知章这才明白刚才李白为什么那副鬼鬼祟祟的样子。这要是被玄宗皇帝看到了，鼻子非气歪不可。原来老贺早就想脱离牢笼，不愿伺候自己了，你看这刚辞职，老贺就巴不得早一天从京城溜走。

贺知章走了，李白在京城最好的忘年交离开了，这让李白很失落，放眼京城，朋友是有一大把，但真正知心的有几个呢？

心情郁闷的李白，在贺知章走后，一个人坐在院子里喝闷酒，喝着喝着酒意上涌，文思如潮水般泛滥开来，李白一口气写下了《月下独酌》四首。

其一

花间一壶酒，独酌无相亲。
举杯邀明月，对影成三人。
月既不解饮，影徒随我身。
暂伴月将影，行乐须及春。
我歌月徘徊，我舞影零乱。
醒时同交欢，醉后各分散。
永结无情游，相期邈云汉。

其二

天若不爱酒，酒星不在天。
地若不爱酒，地应无酒泉。
天地既爱酒，爱酒不愧天。
已闻清比圣，复道浊如贤。
贤圣既已饮，何必求神仙。
三杯通大道，一斗合自然。
但得酒中趣，勿为醒者传。

其三

三月咸阳城，千花昼如锦。
谁能春独愁，对此径须饮。

穷通与修短，造化夙所禀。

一樽齐死生，万事固难审。

醉后失天地，兀然就孤枕。

不知有吾身，此乐最为甚。

其四

穷愁千万端，美酒三百杯。

愁多酒虽少，酒倾愁不来。

所以知酒圣，酒酣心自开。

辞粟卧首阳，屡空饥颜回。

当代不乐饮，虚名安用哉。

蟹螯即金液，糟丘是蓬莱。

且须饮美酒，乘月醉高台。

没朋友，就是没朋友，一个人孤孤单单喝酒，真是无聊又寂寞。当然，李白在诗中表达的重心不在这里，他借孤单抒发了对朝廷深深的失望之情。

天宝三载(744)春，李白再也忍受不下去了。忍无可忍，就无须再忍，他一咬牙，向玄宗皇帝提出了辞职的请求，玄宗皇帝对李白的热度过去了，也没有过多挽留，直接就批准了。

不过玄宗皇帝也比较够意思，出手大方，他在同意李白辞职的同时，赏赐了他一大笔金银，权当遣散费，这笔钱如果不乱花，存起来足够李

白过上安稳的生活了。

结束了，一切都结束了。想起当年他接到朝廷的“邀请函”时，难掩内心的兴奋，满怀希望地憧憬着美好的未来，几年过去了，在现实面前，李白曾经编织的绚烂梦想被击得粉碎。

李白熟读史书，他想到了战国时期被人诬陷的宋玉。宋玉为人光明磊落，在昏聩的君王眼中，却成了反面典型，被赶出了朝廷，好人真难当。

思绪翻飞的李白，将一腔愤慨全部宣泄在单薄的笔尖，他先写了《感遇四首·其四》。

宋玉事楚王，立身本高洁。

巫山赋彩云，郢路歌白雪。

李白：咱们君臣缘分已尽，以后皇上要保重龙体。

举国莫能和，巴人皆卷舌。

一感登徒言，恩情遂中绝。

接着,李白又写了《古风·绿萝纷葳蕤》诗一首。

绿萝纷葳蕤，缭绕松柏枝。

草木有所托，岁寒尚不移。

奈何夭桃色，坐叹葑菲诗。

玉颜艳红彩，云发非素丝。

君子恩已毕，贱妾将何为。

唐玄宗：说得朕心里酸酸的，来，赏钱！

连续写了两首抒发内心不平的诗篇后，李白还意犹未尽，又提笔写下了一首《古风·秦水别陇首》。

秦水别陇首，幽咽多悲声。
胡马顾朔雪，躞蹀长嘶鸣。
感物动我心，缅然含归情。
昔视秋蛾飞，今见春蚕生。
袅袅桑柘叶，萋萋柳垂荣。
急节谢流水，羁心摇悬旌。
挥涕且复去，恻怆何时平。

别了，长安！李白换上素衣布袍，和当年第一次来长安一样，兴致满满而来，伤心失意而去。

第六章
闲云野鹤

李白离开京城后，暂时无处可去，便转道来到了洛阳。

李白没有想到的是，在这里他将遇到大唐诗坛另一位震古烁今的人物杜甫。两人堪称“双子星”，一个为山川自然泼洒浪漫多姿的色彩，一个以现实主义的写作手法扬名后世，两人联手，照亮了大唐诗坛的灿烂星空。

这一年，李白已经四十三岁，而杜甫，还是一名刚刚过了而立之年的热血青年。

杜甫出生于河南巩县（今河南巩义东），后来长期在洛阳的姑母家生活。小伙子很聪明，学习不错，二十多岁的时候去参加进士考试，但很遗憾，这一次杜甫落榜了。

看来大唐的科举考试也比较有难度，录取率很低，很多有才学的人，都在科举考试面前翻了车。

科举考试失利，杜甫也想像李白那样，通过自荐的方式得到贵人的赏识，不过因为朝廷里缺少人脉关系，所以杜甫奔波多年，迟迟未能混上一官半职，依旧是平民百姓一个。

当杜甫为自己的未来倍感苦恼时，他突然听说李白来到洛阳的消息。真的是李白吗？杜甫心里一阵激动。当时的李白，已经名满天下，特别是他在京城陪伴皇上时，杨贵妃为他磨墨，高力士为他脱靴，他的这些小故事尽人皆知，传得有鼻子有眼。很多读书人都觉得李白特别牛，是大家学习的好榜样，于是纷纷从路人甲变为李白的小粉丝，杜甫就是其中一个。

既然偶像来了，无论如何都要见上一面。杜甫打定主意后，心里面却又升起几丝不安，李白这时已是诗坛大腕级别的人物了，自己在诗坛上还算不上什么名家、大家，能不能得到李白的赏识和肯定呢？万一对方很傲气怎么办？

虽然内心很纠结，但杜甫还是鼓足勇气，参加了当地人为李白举行的欢迎仪式。一众粉丝簇拥着李白，来到洛阳城内的一家酒楼里，筵席排摆，天上飞的，地上跑的，美食佳肴琳琅满目，众人众星捧月般热热闹闹地为李白接风洗尘。

作为今天欢迎仪式的主角，李白自然坐在最中心的位置，忙着和周围的人打招呼，也不得不说着一些言不由衷的客套话。

杜甫很识趣地坐在人群的最外层，虽然隔着一定的距离，但人群中央李白的一举一动，杜甫也都能看得真真切切。

李白和众人一一寒暄后，他的目光突然停留在了杜甫的身上，他不由愣住了。眼前的这名小伙子尽管衣着朴素，但眉宇间透出英豪之气，行为举止十分从容镇定，让李白心里为之一振。凭着多年来练就的高超眼力，李白一眼就判断出杜甫绝非池中之物。

当别人介绍到杜甫时，李白眼前一亮，因为当时的杜甫已经小有名气，李白对他的一些诗词也略有耳闻，但是只闻其名，不见其人，今天终于相遇了。李白赶忙起身，来到杜甫面前，亲自为杜甫斟酒碰杯。

偶像太平易近人了！杜甫激动地站起身，将杯中酒一饮而尽。宴会上吵吵闹闹，不是说话的好时机。第二天天一亮，杜甫就早早起床，赶来拜见李白，两人倾心交谈，很快便成了无话不谈的好朋友。

一番相处下来，李白对这位诗坛后起之秀更加敬重了，而杜甫也像一位忠实的小迷弟，认真聆听李白在京城的传奇故事。当他听到李白和贺知章、张旭等人的交往经过时，他既羡慕又向往，于是，他根据李白的描述，写了一首《饮中八仙歌》呈给李白。

李白看了连连点头，他果然没有看错，杜甫才思敏捷，文笔老到，

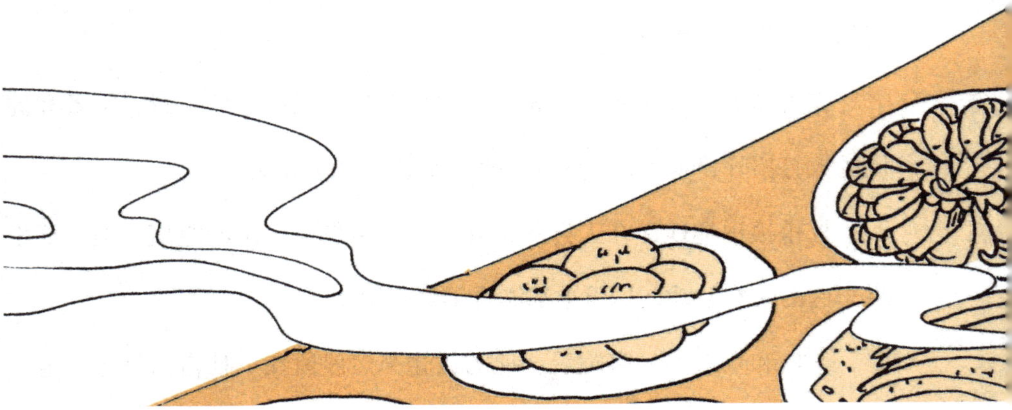

杜甫：以后咱们哥俩称霸大唐诗坛，让别人羡慕去吧！
李白：杜甫小老弟一看就不是一般人，来，喝杯酒认识一下。

假以时日，杜甫的成就绝不在自己之下。

相处了一段时间后，李白告别杜甫，动身离开洛阳。离开前，看到杜甫一副恋恋不舍的样子，李白就和杜甫约定，过一段时间在睢阳的梁园再次相聚。

李白走后，杜甫掰着指头算日子，差不多快要到约定日期了，他早早启程上路，赶到梁园和李白相会。

梁园这里，还有杜甫的一位老朋友，对方也是诗坛高手，名叫高适，著名的边塞诗人。在杜甫的介绍下，李白也和高适认识了，三人结伴游玩，度过了一段快乐的难忘时光。

自从离开京城后，心灰意冷的李白就一直有着皈依道教的心思。这一年的深秋，李白如愿以偿成了一名道教人士，他幻想着以后炼炼丹、修修仙的生活，万一能得道成仙岂不是更好？

完成了心愿后的李白，返回了东鲁，他把玄宗皇帝赐给他的银子全部拿出来，建了一座酒楼，还修了几间丹房。

建酒楼的目的很简单，不是为了挣钱，主要是为了喝酒方便。常年的饮酒，已经让李白患上“酒精依赖症”了，一天不喝上几杯，他就感到浑身难受，犹如百爪挠心一般。

看着日日买醉的丈夫，二婚妻子刘氏不乐意了，她还指望跟着李白吃香的喝辣的，后半生过上荣华富贵的生活。谁知道返回东鲁后，李白竟然要变成酒鬼了，心生怨念的刘氏干脆和李白办了离婚手续，拍屁股走人，不过了。

共富贵容易，同患难不行，势利眼的刘氏，李白也受够了，随她去吧！

好在李白有一个邻居，对方名叫“海石榴”，对李白情有独钟，李白也比较喜欢她。巧的是，李白离婚后不久，对方也被丈夫休掉了，同是天涯苦命人，两人简简单单喝了几杯酒，重新组建了一个温馨的新家庭。

杜甫当然也没有忘记李白这位好朋友，他经常写信给李白，邀请李白出来旅游散心。面对杜甫的盛情邀约，李白也欣然赴会，一起结伴游历四方。

有一次，两人在济南游玩时，认识了一名叫范十的隐士，还在范十隐居的小山庄里住了一段时间。

对于这两位朋友的到来，范十自然是热情招待，李白看到范十这么豪爽好客，心里非常过意不去，于是就写了《寻鲁城北范居士，失道落苍耳中，见范置酒摘苍耳作》送给范十。

雁度秋色远，日静无云时。
客心不自得，浩漫将何之。
忽记范野人，闲园养幽姿。
茫然起逸兴，但恐行来迟。
城壕失往路，马首迷荒陂。
不惜翠云裘，遂为苍耳欺。
入门且一笑，把臂君为谁。
酒客爱秋蔬，山盘荐霜梨。
他筵不下箸，此席忘朝饥。

酸枣垂北郭，寒瓜蔓东篱。

还倾四五酌，自咏猛虎词。

近作十日欢，远为千载期。

风流自簸荡，谑浪偏相宜。

酣来上马去，却笑高阳池。

李白写完，杜甫也不甘落后，《与李十二白寻范十隐居》紧接着新鲜出炉。

范十顿时喜笑颜开，这下他可赚大发了，能够让两位诗坛高手同时给他写诗留念，这份

光荣，足够他吹牛一辈子了。

不知不觉间，又到了分别的时候，杜甫是一个非常感性的人，他写诗送给李白，以表达对这位知己的崇敬之情。李白也投桃报李，写了一首《鲁郡东石门送杜二甫》送给这位小老弟。

醉别复几日，登临遍池台。
何时石门路，重有金樽开？
秋波落泗水，海色明徂徕。
飞蓬各自远，且尽手中杯。

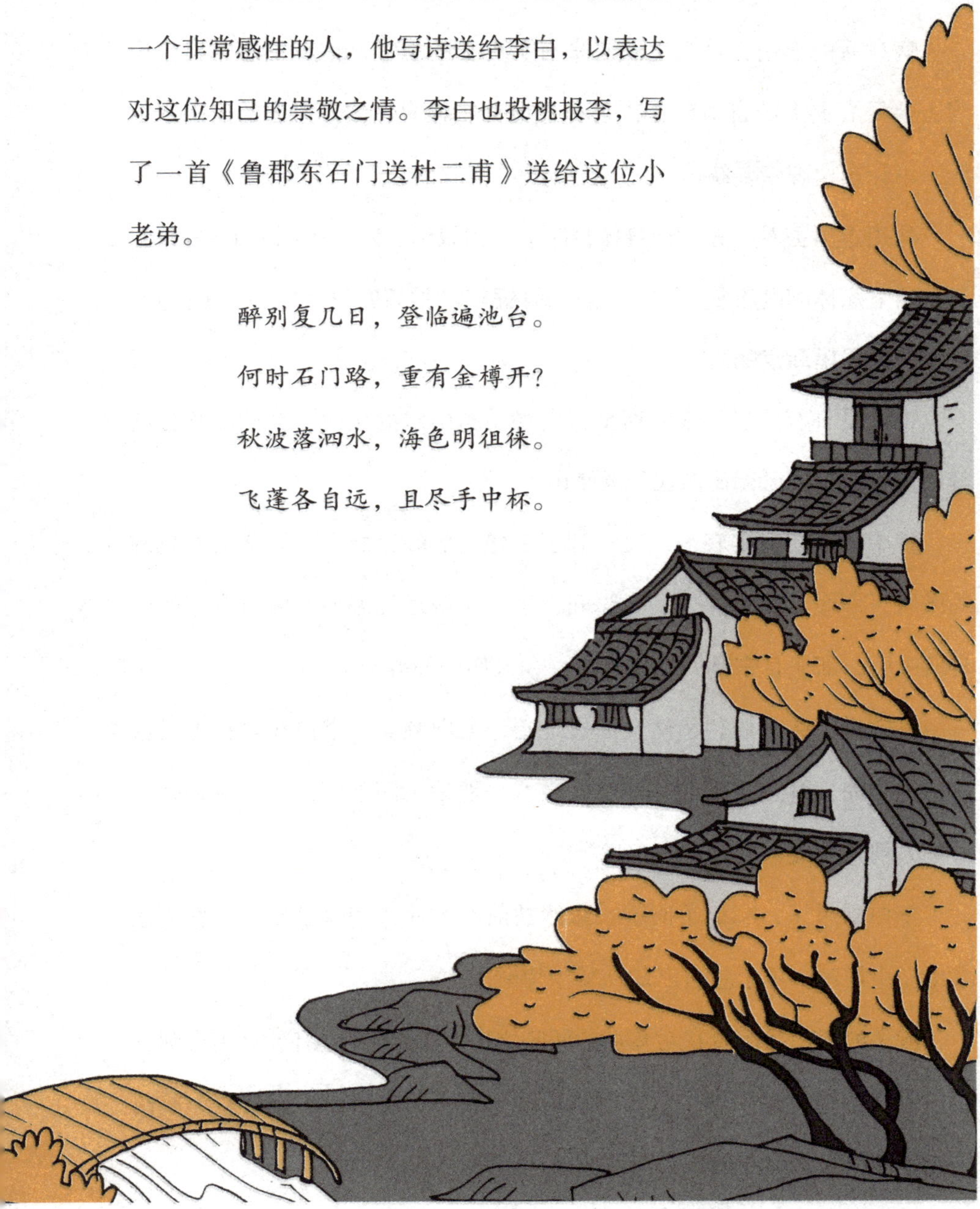

和杜甫分别后不久，李白因为经年累月没有节制的饮酒，生了一场大病。半年之后，李白终于大病初愈。

病愈后的李白，对人生和未来有了更多的思考，他越发感觉自己应当去追寻心灵上的自由自在，去和天地自然融为一体。大唐的山山水水无一不让李白魂牵梦绕。

他想走出去看一看，让身体在路上，用眼睛去观赏祖国的大好河山。只是眼下病体刚刚康复，束缚了他前行的脚步，他暂时只能用心灵去感知，在精神世界里肆意畅游。

也许是日有所思，夜有所梦，向往吴越山水的李白，突然在某日的梦中，游历了自己无比向往的天姥山。

梦中的李白身姿轻盈，飞临到了天姥山的峰峦之上。眼前的景色婉约朦胧，缥缈如仙境。下一个瞬间，李白又被远处海面上冉冉升起的红日所吸引，那旭日东升的磅礴景象，令人如痴如醉。

不知道什么时候，忽然又天昏地暗，大雨倾盆，李白在寻找可以避雨的地方时，耳边传来龙吟熊吼的声音，他抬头四下望去，又见远处一群仙人驾鹤骑虎，飘然而来。

李白看呆了，忘记了回避，猛然被前面的仙人挤落了云端，忍不住发出一声惊呼，不承想自己却从梦中惊醒。

醒来的李白还沉浸在对梦境的回味之中，这场梦究竟有什么寓意呢？李白突然醒悟，梦中那个从云端跌落的人，不正是自己勇敢辞官、脱离牢笼，恢复自由之身的现实写照吗？

一念至此，李白从床上快速起身，笔不加点，一气呵成，一首极富浪漫和夸张色彩的《梦游天姥吟留别》诗作问世。

海客谈瀛洲，烟涛微茫信难求;越人语天姥，云霓明灭或可睹。天姥连天向天横，势拔五岳掩赤城。天台四万八千丈，对此欲倒东南倾。我欲因之梦吴越,一夜飞度镜湖月。湖月照我影,送我至剡溪。谢公宿处今尚在，渌水荡漾清猿啼。脚著谢公屐，身登青云梯。半壁见海日，空中闻天鸡。千岩万转路不定，迷花倚石忽已暝。熊咆龙吟殷岩泉，栗深林兮惊层巅。云青青兮欲雨，水澹澹兮生烟。列缺霹雳，丘峦崩摧。洞天石扉，訇然中开。青冥浩荡不见底，日月照耀金银台。霓为衣兮风为马，云之君兮纷纷而来下。虎鼓瑟兮鸾回车,仙之人兮列如麻。忽魂悸以魄动，惊起而长嗟。惟觉时之枕席，失向来之烟霞。世间行乐亦如此,古来万事东流水。别君去兮何时还?且放白鹿青崖间，须行即骑访名山。安能摧眉折腰事权贵，使我不得开心颜。

写完这首诗，李白在家中再也待不下去了，他不顾亲人的劝阻，执意踏上了寻访风景名胜的旅程。

冬去春来，从睢阳到扬州，一路留下了李白独自跋涉的身影。

扬州对于李白来说，是一座有着特殊意义的城市。年少的李白游历吴越，曾在扬州盘桓多时，因为有老爸的大力支持，他从来不为金钱发愁，在那段日子里，他挥金如土，快意恩仇，那是一段多么令人难忘的时光啊!

和扬州的朋友短暂相聚后，李白即将离开，回忆往昔，已物是人非。想到前尘如梦,李白不由感慨万千,于是便有了《留别广陵诸公》这首诗。

忆昔作少年，结交赵与燕。
金羁络骏马，锦带横龙泉。
寸心无疑事，所向非徒然。
晚节觉此疏，猎精草太玄。
空名束壮士，薄俗弃高贤。
中回圣明顾，挥翰凌云烟。
骑虎不敢下，攀龙忽堕天。
还家守清真，孤洁励秋蝉。
炼丹费火石，采药穷山川。
卧海不关人，租税辽东田。
乘兴忽复起，棹歌溪中船。
临醉谢葛强，山公欲倒鞭。
狂歌自此别，垂钓沧浪前。

离开了扬州，李白又来到了金陵，这也是李白非常熟悉的一座城市。当年,他指点江山,激扬文字,如今重读二十来年前写的《金陵酒肆留别》一诗，更令人思绪起伏，难以自已。

风吹柳花满店香，吴姬压酒唤客尝。

金陵子弟来相送，欲行不行各尽觞。

请君试问东流水，别意与之谁短长？

今昔对比，多了一份落寞和苍凉，少了一份快乐和激情。李白登临这座古城的凤凰台，轻声吟诵了一首《登金陵凤凰台》。

凤凰台上凤凰游，凤去台空江自流。

吴宫花草埋幽径，晋代衣冠成古丘。

三山半落青山外，二水中分白鹭洲。

总为浮云能蔽日，长安不见使人愁。

这一次长途游历，人到中年的李白且行且走且看且思，有感而发时就写上几首诗，为后人留下了大量的传世诗篇。

一路上，最令李白难过的是，当到达贺知章的老家会稽郡时，他原本想要去探望这个可爱的小老头儿，可惜他从当地人口中得知，贺知章已经去世了。

长安一别，竟是永远。李白想起昔日和贺知章交往的种种，不由悲从中来，潸然泪下。他流泪写下《对酒忆贺监二首》。

其一

四明有狂客，风流贺季真。

长安一相见，呼我谪仙人。

昔好杯中物，翻为松下尘。

金龟换酒处，却忆泪沾巾。

其二

狂客归四明，山阴道士迎。

赖赐镜湖水，为君台沼荣。

人亡余故宅，空有荷花生。

念此杳如梦，凄然伤我情。

整整一年的时间，李白都行走在路上。天宝七载（748）春，李白终于从越中返回金陵。

在金陵和老友叙旧时，李白大致了解了朝廷的政治

李白：呜呜呜，我最好的朋友没了，以后找谁喝酒谈心？

变化。他的一些好友，包括他崇敬的那些正直之士，大都遭到了小人的陷害，他们或被贬官，或被流放，或被残害致死，如今的朝堂，谗臣当道，比他当年辞官离开时还混乱，还昏暗不明。

比如李邕，这位生性耿直的官员，年逾古稀，依旧被奸人罗织罪名，下狱害死。

贺知章：老哥哥先走一步了，活了八十多，知足了。

还有王昌龄，因为正直敢言，得罪了朝中权贵，被赶出朝廷，远远地流放到夜郎西的龙标去了。

一个个不好的消息，让李白义愤填膺。而他无处宣泄内心的苦闷，只好将满腔愤恨寄托在笔端，《闻王昌龄左迁龙标遥有此寄》这首诗，就是在这种心境下写的。

杨花落尽子规啼，闻道龙标过五溪。

我寄愁心与明月，随君直到夜郎西。

朝局的混乱让李白心急如焚，然而对于他这种没有任何职权的平民布衣来说，再心急又有什么用呢？

李白试图隐居避世，嘴不问眼不看，是不是就能让焦虑的内心平静下来了呢？他找到好友元丹丘，说出了自己想要隐居的想法。

元丹丘听了李白的诉求，不由得睁大了眼睛，感觉李白就是来搞笑的。因为两人交往几十年，他太了解李白了。李白是一个坐不住的人，尤其是隐居这件事，三分钟热度过后，李白一定会故态复萌，不是跑出去游历山河，就是和三五好友饮酒吹牛，每次不喝个酩酊大醉就誓不罢休。

不过，这一次李白表现出很认真的模样，信誓旦旦地反复强调自己很有决心，也很有信心，一定能够在鸟语花香的山林中避世隐居。

好吧，好吧，最后再相信你一次。元丹丘被缠得没办法，只好答应让李白试一试。

就这样，李白跟着元丹丘，和他一起隐居在南阳的一处山林中。这一年，是天宝十载（751）。

一开始，李白对自己隐居的地方非常满意，每天喝着甘甜的山泉水，听着枝头上清脆的鸟鸣声，远离尘世纷扰的感觉真是太好了，以至于李白都有了把家眷接过来的想法。

原来在此之前，李白又娶了一位妻子，准确地说，是入赘到对方家中，算来这是李白的第三次婚姻了。中间的那位“海石榴”姑娘，虽跟随了李白几年，但两人之间没有什么夫妻的名分，而且几年后“海石榴”生病去世了。这之后经人介绍，李白便和宗氏女子结了婚。

宗氏的身世可不一般，和李白的第一任妻子许氏一样，宗氏的爷爷曾担任过大唐帝国的宰相，权倾一时，后来因为参与了韦后叛乱，落了一个身首异处的下场。

好在宗家子弟并没有受到太大的波及。宗氏为人性情淡泊，对功名富贵也不太感兴趣。洒脱随性、文采出众的李白深深地吸引了她，这也是她愿意嫁给李白的原因。

当李白向元丹丘提出想要将宗氏一起接过来时，元丹丘依旧是一副无所谓的态度。他淡淡地告诉李白，先别急，让头脑冷静冷静再做决定，毕竟搬一次家也不是一件容易的事情，头脑发热下冲动是魔鬼。

可李白不管不顾，也没多想，直接将宗氏接了过来。

事情的发展方向果然让元丹丘说中了。没过几天，李白就在山里面待不下去了，觉得隐居生活太安静了，缺乏人间烟火气息，不好玩，一点儿意思都没有。

这时，一封书信的到来，让李白本就开始摇摆的心彻底飞出了隐居的山林。写信的人名叫何昌浩。何昌浩是李白的一位朋友，当年落魄时李白没少帮他。现在何昌浩正在为范阳节度使安禄山打工，在幕府中担任参赞军机的判官一职。发达起来的他想起了李白，于是便写信给李白。

信里面，何昌浩告诉李白，说大丈夫

李白：我想隐居，我想修仙，远离红尘是非。
元丹丘：老兄你没睡醒吧？你要是能安安静静隐居，除非太阳从西边出来。
隐居就玩不到
好玩的

当志在四方，现在老兄还不老，也就五十多岁，正是风华正茂的好年纪，姜太公七十岁还出山辅助周文王呢，相对姜太公来说，老兄可以说是年富力强。如今有个好机会，来兄弟这边，凭你的本事与才华，一定能够为自己谋个大好前程。

何昌浩大饼一画，李白当即动心了。隐居真的太没劲了，他可不想就这样终老下去，他的内心深处还藏着建功立业的雄心壮志，现在机会送上门来，他能视而不见吗？

反复捧读何昌浩的来信，李白如百爪挠心，坐卧不宁。大事不决问夫人，李白想到这里，一拍脑袋，一溜烟找宗氏去了。

找妻子之前，李白已经有些按捺不住

了，他先给何昌浩回了一封信，说他有出山的意思，如果条件允许，他们兄弟两人会很快见面的。

信中，李白还赋了《赠何七判官昌浩》这首诗送给对方。

有时忽惆怅，匡坐至夜分。
平明空啸咤，思欲解世纷。
心随长风去，吹散万里云。
羞作济南生，九十诵古文。
不然拂剑起，沙漠收奇勋。
老死阡陌间，何因扬清芬。
夫子今管乐，英才冠三军。
终与同出处，岂将沮溺群？

从诗中不难看出，李白的心态很乐观，他觉得自己能文能武，样样拿得出手，如果能够得到重用，一心报效国家的他一定可以闯出属于自己的一片天地。

带着这种自信和乐观，李白找到了妻子宗氏。他满脸兴奋，将事情的来龙去脉一五一十地告诉了宗氏。最后，他还表态说，等到将来他真的建功立业，封侯拜相了，宗氏也就能跟着他扬眉吐气了。

要说宗氏不愧是相门之后，眼界高人一等，她听了李白的叙述之后，简单一思考，立即指出了问题的所在，兜头给李白泼了一盆冷水。

她告诉李白，不要轻易前往幽州冒险，这里面有几个原因。一是李白只是一介书生，虽然也会一点儿剑术，但这点儿本事，在边关将士的眼中，根本不够看，别指望用这点儿拳脚功夫搏出头。

二是李白毕竟年纪大了，不是风风火火的小青年了，一个年过半百的小老头儿，每天跟在主帅后面出谋划策，并不是想象中那样简单，会写诗词歌赋，并不意味着也非常熟悉兵法韬略，那是两回事，理论和实践之间，还存在着一条巨大的鸿沟。

三是从宗氏自身角度看，夫妻两人隐居山林，清清静静，与世无争，恩恩爱爱，这就是最大的温暖和幸福，至于什么王侯将相，宗氏她不稀罕。

除了这三个原因，还有最为重要的一点，那就是宗氏通过对安禄山为人处世的一些了解，凭直觉判断，这种人将来绝对不会有什么好下场，跟着他混，无疑是跳进了一个大坑里，跳进去容易但想要爬出来很难。

宗氏的分析条理清晰，头头是道，不过到了李白的耳朵里，却是那么的刺耳。他认为宗氏话里话外嘲笑他老了，体力、精力早已今非昔比，至于宗氏最为担心的人身安危和祸患什么的，李白压根一句话都没听进去，富贵险中求，四平八稳永远不会有飞黄腾达的那一天。

这时的李白，打一个形象比喻的话，就像是一个叛逆的小孩子，宗氏越是劝他不要冒险，李白反而越是对幽州前线充满了向往之情。

不是不看好我吗？没关系，我就用实际行动证明给你看。不是不让我去吗？不，我偏要去，至于危险不危险不管，去了再说。

宗氏后来看到实在劝说不动李白，也就随他去了，不再劝了。临行前，宗氏一再叮嘱李白，到了幽州前线，如果见势不妙，第一时间往家跑，先逃出火坑再说，要相信家里永远有一个人在默默地等候着他。

妻子的叮咛却让李白哭笑不得，向来大大咧咧的妻子，今天怎么婆婆妈妈、儿女情长起来？幽州兵强马壮，还有好朋友在那里，有什么危险可言？真是杞人忧天。

李白打定了主意，不再理会妻子的唠叨，他规划行程，打点行装，向着自己的梦想再一次进发。

第七章
遭逢乱世

出发，上路，美好的未来就在前方。李白信心满满地启程了。当他来到开封时，在这里生活的好友于十一和裴十三得知李白来了，立即自掏腰包，安排宴席，为李白接风洗尘。

宴会上，李白心情舒畅，酒不醉人人自醉，一不小心就喝多了。喝得醉意朦胧的他，当场拔剑起舞，在众人面前小小露了一手，以此来证明自己宝刀未老，身子

李白：怎么样？老哥哥我行吧，年轻人都没有我这种好体格。

骨棒着呢！

练了一趟剑，李白满头大汗，却还意犹未尽，他诗兴大发，当即又挥毫泼墨，写了一首《留别于十一兄逖裴十三游塞垣》。

太公渭川水，李斯上蔡门。钓周猎秦安黎元，小鱼鵔兔何足言。天张云卷有时节，吾徒莫叹羝触藩。于公白首大梁野，使人怅望何可论？既知朱亥为壮士，且愿束心秋毫里。秦赵虎争血中原，当去抱关救公子。裴生览千古，龙鸾炳文章。悲吟雨雪动林木，放书辍剑思高堂。劝尔一杯酒，拂尔裘上霜。尔为我楚舞，吾为尔楚歌。且探虎穴向沙漠，鸣鞭走马凌黄河。耻作易水别，临岐泪滂沱。

李白好友：哥哥威武，哥哥霸气，哥哥棒棒哒。

有趣的是，李白一边写，一边念念叨叨，念到动情的地方，李白竟然流起了眼泪，自己把自己给感动哭了。

朋友们一看，气氛都烘托到这个份上了，咱们也跟着哭吧，不然挺不好意思的，于是大家一起陪着李白掉眼泪。这让李白深受感动，一时哭得难以自已。

就这样，李白一路走走停停，直到第二年的十月份，才终于来到了幽州地界，见到了对他翘首以盼的何昌浩。

一见面，何昌浩就告诉李白，他这一段时间盼星星，盼月亮，总算盼来了李白。李白平安来到，他悬着的一颗心也放进了肚子里。不过不巧的是，安禄山动身前往京城了，一时半会儿两人还见不了面。

对于何昌浩的话语，李白也没放在心上，暂时见不上更好，他正好可以利用这段时间，好好体验一把边塞的风光。

何昌浩的服务也非常周到。他不仅用心安排李白的吃住，还抽出时间陪着李白在幽州地界四处游玩。边关苍茫的风光与秀丽的江南山水自然大不相同，让李白大开眼界。

游玩之余，李白没忘记自己要建功立业的雄心壮志。他时时留意着幽州兵马的训练情况。看到前方将士日夜操练，军容整齐，李白还暗自高兴，觉得安禄山治军还是有一套的，他能够在皇上面前得宠，看来不是没有原因的。

不错，相当不错。李白一番考察下来，心里更有数了，看来他这次来军前效力的决定没有错，踏踏实实跟着安禄山干，一定可以出人头地，搏出一个封妻荫子的大好前程。

这一天，李白早早起床，心情大好的他哼着小曲儿出门溜达一圈，突然迎面遇上一位年轻人，对方看到李白后，倒头就拜，口称世侄。

李白起初吓了一大跳，他在这里除了何昌浩，几乎举目无亲，怎么突然冒出来一个老侄儿了呢？进一步了解后才知道，眼前的这名年轻人名叫崔度，是他的老朋友崔国辅的儿子。

崔度现在在平卢节度使幕府中担任判官一职，这次来幽州出差，竟和李白意外相逢。

崔度询问李白来幽州的原因，李白也不隐瞒，一五一十地告诉了对方。崔度听完，眉头紧皱，一副欲言又止的模样。

李白一看有点儿着急，这小子怎么打起哑谜来了，是不是有点儿太见外了？崔度看出李白脸上露出不高兴的神色，连忙解释这里说话不方便，他打了一个手势，示意李白跟着他来到城外偏僻的地方。

李白一肚子的疑惑，不过看到崔度的神情，一定有重要的事情告知，于是就跟着他一路前行。

来到城外后，看看四周终于没人了，崔度这才放下戒备。但他开口说出的第一句话，就把李白搞蒙了。崔度直截了当地对李白说："老叔，你聪明一世，糊涂一时，这种大火坑你也敢跳？你也太胆大了，不要命了是不是？"

"怎么了？究竟怎么了？你倒是快说呀！"李白一连抛出了几个问题。

崔度深深吸了一口气，告诉了李白一个惊天大秘密。别看安禄山现在认杨贵妃为干娘，在玄宗皇帝面前一副恭恭敬敬的模样，其实这个貌似老实的大胖子，早就心怀不轨，暗中磨刀霍霍，种种迹象表明，安禄山有极大的谋反嫌疑。

崔度的话如一声惊雷，在李白的耳边炸响。这也太夸张了吧？安禄山位极人臣，前程似锦，放着安安稳稳的日子不过，为什么非要干那些掉脑袋的事情？这收益和风险不成正比啊！有正常思维的人都不会这样干啊！

偏偏安禄山就不是一个有着正常思维的人。他先前只是一个偷羊贼，偶然获得贵人的赏识，在短短的时间里平步青云，快速升迁并手握大权，但这反而使他的内心产生了极大的不安。他担心唐玄宗死后自己会陷入万劫不复之地，既然如此，还不如趁着自己手握兵权的有利时机，放手一搏，说不定可以取大唐的天下而代之，过一把皇帝瘾。

崔度的一番分析，让李白的后背不由渗出了

一层冷汗。他再联想这一段时间的所见所闻，幽州这里厉兵秣马，各色官服日夜赶造，这哪里是出兵打仗？分明是蓄意谋反啊！

真是一语点醒梦中人。李白的脑筋也不笨，将前后因果包括种种蛛丝马迹联系起来一分析，他很快确认了崔度的说辞，看来还是夫人宗氏厉害，在他跃跃欲试准备来幽州时，宗氏就一针见血地指出安禄山狂妄自大，贪婪愚蠢，再加上手握大权，这样的人一定会把天捅出一个大窟窿。

错了，真的错了，当时把夫人的话当作耳旁风，现在可好，一下子掉进了大坑里，李白急得直跳脚。

当然，李白着急还有另外一层因素，安禄山一旦发动叛乱，毫无防

李白：哎呀，还是娘子大人厉害，谁说头发长见识短，我家夫人可不是。
崔度：老叔你上当受骗了，赶快找机会跑路。

备的大唐，将会迎来沉重一击，他焦虑的是如何让玄宗皇帝得知这一消息，并相信消息是真的。

无论如何，当务之急，是李白如何跳出这个大火坑，其他的事情可以从长计议。随后，他和崔度商议一番，想出了一个好办法。

李白写了一封信交给崔度，请他转交夫人宗氏，再由宗氏来信说她病重了，需要李白回家照顾自己。有了这样一个冠冕堂皇的借口，他就能溜之大吉了。

崔度带着信走后，李白内心万分焦急，日夜坐卧不宁，在这种心境下，他写下了《公无渡河》一诗。

黄河西来决昆仑，咆哮万里触龙门。波滔天，尧咨嗟。大禹理百川，儿啼不窥家。杀湍湮洪水，九州始蚕麻。其害乃去，茫然风沙。被发之叟狂而痴，清晨临流欲奚为。旁人不惜妻止之，公无渡河苦渡之。虎可搏，河难凭，公果溺死流海湄。有长鲸白齿若雪山，公乎公乎挂罥于其间。箜篌所悲竟不还。

李白的这首诗，其实准确地说，带有词的形式，也有人将这首诗视作后世词的开端，这首诗气势磅礴，读来极富感染力。

好在宗氏并没有让李白等多久。她接到李白的来信后，立即明白了其中缘由，于是火速回信，谎称自己病了，需要丈夫回家照顾。李白有了好借口，终于顺利从虎口脱险了。

见到了夫人，李白一再道歉认错，说他当初不该那么任性，差一点儿被扣上一个“乱臣贼子”的大帽子，如果那样，他这辈子跳进黄河都洗不清了。

宗氏也对知错能改的李白感到很满意，其实抛开任性这个小缺点，李白的身上优点一大把，满腹经纶，心忧天下，重情重义，是万里挑一的好男人。

既然平安回来了，就在家里好好休养一番吧！李白却没这么想。在家刚刚休息了两天，他又坐不住了，因为他还有更重要的事情要做，他要尽快将安禄山打算叛乱的消息告诉玄宗皇帝，只有这样才能将问题消灭在萌芽之中。

一腔热血的李白执拗劲儿又上来了，他不顾宗氏的劝阻，执意要前往京城。看着丈夫为国事忧心操劳、心急如焚的模样，宗氏也只能苦笑着由他去了。

天宝十二载（753）的早春二月，李白风尘仆仆地来到京城，这是他人生中第三次进长安。他径直找到好友杜甫，与他商议如何将安禄山打算叛乱的消息传递给朝廷。

一直商量到了大半夜，他俩想到的有资格、有能力的合适人选，只有大将哥舒翰一个人。哥舒翰为人正直，深受皇帝的信任，由他传递信息再好不过了。

杜甫自告奋勇，决定先去试探一下哥舒翰的口风。不过很快他就垂头丧气地回来了，他告诉李白自己没有见到哥舒翰，而且要哥舒翰转告的风险太大，一些好友也一再叮嘱杜甫，一定要小心小心再小心。

怎么办？难道就这样坐视不管吗？李白不甘心，又坐下来和杜甫商量办法。杜甫出主意，让李白先写一首小诗，看看哥舒翰看了后什么反应。

李白二话不说，就着灯光写了一首《述德兼陈情上哥舒大夫》。

天为国家孕英才，森森矛戟拥灵台。
浩荡深谋喷江海，纵横逸气走风雷。
丈夫立身有如此，一呼三军皆披靡。
卫青谩作大将军，白起真成一竖子。

这首诗比较隐晦，哥舒翰能不能读懂李白诗句背后的意思，就全看他的悟性了，如果读懂了，他一定会主动联系李白。

诗是投寄出去了，不过迟迟没有消息。杜甫看到李白整天忧心忡忡的样子，就强行拉着他出去游玩散心。

李白在游玩时，目睹了杨国忠兄妹几人嚣张跋扈的举动，气愤不已，于是写了一首《古风其八·咸阳二三月》的小诗，借古讽今，以表达内心的不满。

咸阳二三月，宫柳黄金枝。
绿帻谁家子，卖珠轻薄儿。
日暮醉酒归，白马骄且驰。
意气人所仰，冶游方及时。
子云不晓事，晚献长杨辞。

赋达身已老，草玄鬓若丝。

投阁良可叹，但为此辈嗤。

等啊等，一晃小半年过去了，哥舒翰那里依旧没有什么动静。这种情况主要有两种可能，要么是哥舒翰没有看明白诗句背后的真实含义；要么是看懂了，但是他不愿卷入是非之中。无论是哪一种情况，他都没有正式回应过李白。

这样耗下去也不是办法呀！焦急的李白，独自一人跑到了大明宫外，试图从下朝的人群中寻找他当年在朝中的旧友。

李白睁大眼睛努力查找，眼睛都发酸了，最后才好不容易和当时的独孤驸马攀上了交情。

一番交谈后，李白旁敲侧击得知，如今安禄山备受玄宗皇帝恩宠，凡是告发他谋反的人，无一例外都受到了严厉的惩罚。

事情看来比李白想象中要严重得多，通过别人来揭发安禄山试图谋反的想法太不切实际了，李白只得失魂落魄地告辞了。

既然所有直达天听的通道都被关闭了，黯然神伤的李白只好接受现实，和杜甫告别。

分别前，李白写了一首《远别离》，以此来表达他内心的苦闷。

远别离，古有皇英之二女，乃在洞庭之南，潇湘之浦。海水直下万里深，谁人不言此离苦？日惨惨兮云冥冥，猩猩啼烟兮鬼啸雨。我纵言之将何补？皇穹窃恐不照余之忠诚。雷凭凭兮欲吼怒，尧舜

当之亦禅禹。君失臣兮龙为鱼，权归臣兮鼠变虎。或云尧幽囚，舜野死。九嶷联绵皆相似，重瞳孤坟竟何是？帝子泣兮绿云间，随风波兮去无还。恸哭兮远望，见苍梧之深山。苍梧山崩湘水绝，竹上之泪乃可灭。

李白：我的诗写得太隐晦了？哥舒翰这大老粗读不懂？

别了，长安，每一次满怀希望地来，每一次都伤痕累累地离开，李白心碎了。

这时的李白，将自己比作商朝

的比干、战国的屈原,《古风五十一·殷后乱天纪》正是他内心情感的独白。

殷后乱天纪，楚怀亦已昏。

夷羊满中野，菉葹盈高门。

比干谏而死，屈平窜湘源。

虎口何婉娈，女嬃空婵娟。

彭咸久沦没，此意与谁论。

内心满是伤感的李白，一边走一边回头，他眼中的大唐世界，早已变得陌生。看似繁华的背后，实则暗流涌动，一场滔天大变就在眼前,《古风二十九·三季分战国》这首小诗，也是李白在离开长安时所写。

三季分战国，七雄成乱麻。
王风何怨怒，世道终纷拏。
至人洞玄象，高举凌紫霞。
仲尼欲浮海，吾祖之流沙。
圣贤共沦没，临岐胡咄嗟。

写完《古风二十九·三季分战国》，李白仍意犹未尽，只觉内心情感似喷涌而出的潮水，于是又挥笔写下了一首《古风三十一·郑客西入关》的诗。

郑客西入关，行行未能已。
白马华山君，相逢平原里。
璧遗镐池君，明年祖龙死。
秦人相谓曰，吾属可去矣。
一往桃花源，千春隔流水。

天下之大，哪里有李白的安身之处呢？李白是孤独的，孤独到了几乎走投无路的境地。

好在这个时候，宣城的郡长史李昭来信，说好久没有和李白见面了，特别想念他，如果李白有时间，不妨到宣城去走一走，看一看，散散心。

李昭是李白的堂弟，李白接信后也非常高兴，于是就暂时取消了回家的安排，掉头直奔宣城而来。

在前往宣城的路上，李白经过一处名叫横江渡的地方。横江渡的东面是牛渚矶，也叫采石矶，当时归当涂县管辖。

在横江渡这里，李白准备渡江时，却遭遇了大风大浪。他看到天气恶劣难行，干脆就停下来不走了，找了一处小酒馆，一面喝酒，一面默默地想着心事。

酒入愁肠，化作千千结。李白想到曾经英明神武的玄宗皇帝，竟然变得如此昏聩不堪；又想到安禄山如豺狼一般，张开血盆大口，想要把大唐的万里江山一口吞进肚子里，顿觉内心波涛汹涌，激荡澎湃，李白一口气挥笔写下了《横江词六首》。

其一

人道横江好，侬道横江恶。
一风三日吹倒山，白浪高于瓦官阁。

其二

海潮南去过浔阳，牛渚由来险马当。
横江欲渡风波恶，一水牵愁万里长。

其三

横江西望阻西秦，汉水东连扬子津。
白浪如山那可渡，狂风愁杀峭帆人。

其四

海神来过恶风回，浪打天门石壁开。

浙江八月何如此？涛似连山喷雪来。

其五

横江馆前津吏迎，向余东指海云生。

郎今欲渡缘何事？如此风波不可行。

其六

月晕天风雾不开，海鲸东蹙百川回。

惊波一起三山动，公无渡河归去来。

几天后，风和日丽，李白终于顺利过江了。他来到宣城后，在这里过了一段相对舒心的日子，天天喝喝酒，散散步，到处转一转。热情好客的宣城民众，让李白烦乱的内心稍稍安定了下来。

这一天，李白出门溜达，来到了敬亭山。这里风景秀丽，空气清新，令人心旷神怡。

李白坐在敬亭山下的一座小亭子里，心情舒畅平静，随口吟出了《独坐敬亭山》。

众鸟高飞尽，孤云独去闲。

相看两不厌，只有敬亭山。

这首诗看似平平无奇，其实非常有意境，人与自然相互包容，你中有我，我中有你，达到了一种“此中有真意，欲辨已忘言”的物我两忘的境界。

不久后，李白来到宣城的消息，传到了泾县县令汪伦的耳朵里。汪伦性情豪爽，热情好客，对李白仰慕已久。偶像来了，他无论如何都要尽一尽地主之谊，于是不由分说地派人把李白请了过来。

汪伦见到李白后，热情得不得了，三日一小宴，五日一大宴，变着花样请李白享用美食,吃饱喝足后,还亲自陪同李白游览泾县的山川名胜,可以说是殷勤备至，搞得李白都不好意思在这里长住了。

几天后，李白提出要离开，汪伦又送了李白一大笔银子，对于常年没有工作的李白来说，这真是太及时了，好比雪中送炭一样弥足珍贵。

李白还没来得及道谢，又看到汪伦满头大汗，领着县里能歌善舞的青年男女们，为李白唱歌跳舞送行，歌声悠扬，场面动人。

汪伦真是好兄弟，够哥们，够义气，感动得热泪盈眶的李白写下了《赠汪伦》这样一首流传千古的诗作。

李白乘舟将欲行，忽闻岸上踏歌声。
桃花潭水深千尺，不及汪伦送我情。

返回宣城的李白，随着天气的转冷，心情也好似这落叶纷纷的季节一样，孤寂萧瑟，清冷凄苦。他预感到有什么大的事情将要发生，却一时间梳理不出一个清晰的头绪。

这一天，大唐监察御史李华出差，路过宣城，听说李白在这里，特意找他聊天叙旧。

李华是李白的远房族叔，所以两人比较亲近，说起话来也没有什么忌讳。谈话中，李华告诉李白，现在的朝堂更加混乱了，杨国忠几乎一手遮天，将朝廷搞得乌烟瘴气，玄宗皇帝依旧沉迷酒色，安禄山也磨刀霍霍，底层民众流离失所。整个大唐乌云压顶，可是有几个人能清醒地看到这即将到来的血雨腥风呢？

李白听了，连连摇头叹息，大厦将倾，自己却有心无力。想到这里，他不由随口吟诵出早年间自己创作的《战城南》一诗。

去年战，桑干源，今年战，葱河道。

洗兵条支海上波，放马天山雪中草。

万里长征战，三军尽衰老。

匈奴以杀戮为耕作，古来唯见白骨黄沙田。

秦家筑城避胡处，汉家还有烽火然。

烽火然不息，征战无已时。

野战格斗死，败马号鸣向天悲。

乌鸢啄人肠，衔飞上挂枯树枝。

士卒涂草莽，将军空尔为。

乃知兵者是凶器，圣人不得已而用之。

这是一首借古讽今的诗，是对杨国忠滥用武力，让无数无辜战士战死疆场的无情嘲讽。“可怜无定河边骨，犹是春闺梦里人。”如果说祸国殃民也有排行榜的话，杨国忠排第一。

临分别时，李白写了一首《宣州谢朓楼饯别校书叔云》送给李华。

弃我去者，昨日之日不可留；

乱我心者，今日之日多烦忧。

李白：呜呜呜，太感动了，连吃带拿的，太不好意思了。

长风万里送秋雁，对此可以酣高楼。
蓬莱文章建安骨，中间小谢又清发。
俱怀逸兴壮思飞，欲上青天揽明月。
抽刀断水水更流，举杯消愁愁更愁。
人生在世不称意，明朝散发弄扁舟。

无论昨日是否留得住，该来的还是来了。李华走后不久，李白也离开宣城，取道金陵，沿途所见所闻，让他更加坚信李华的判断，大唐将要从辉煌步入没落了。

天宝十四载（755）十一月，蓄谋已久的安禄山，在范阳悍然起反，正式扯起了反叛大唐的旗帜。

大唐承平日久，军心懈怠，安禄山率领的骄兵悍将则是有备而来，两相对比，各地的大唐军队根本不是安禄山的对手，任由对方一路势如破竹，长驱直入，兵锋直指唐都长安。

玄宗皇帝这才如梦初醒，好日子一去不复返了。他一下慌了神，接连派大将高仙芝、哥舒翰出战，谁知在好大喜功的杨国忠等人的误导下，大唐主力一败涂地，洛阳、潼关相继失守，长安也岌岌可危，皇帝的宝座坐不稳了。

曾经高高在上、沉迷酒色的玄宗皇帝，这时什么也顾不上了，带领部分随从、禁军一溜烟儿跑到了蜀地躲避战乱。逃亡途中，禁军哗变，奸相杨国忠、杨贵妃被人痛恨已久，先后被处死，史称“马嵬驿兵变”。

战乱纷纷，大唐能不能挺得过这场危机呢？

第八章

身陷囹圄

安禄山发动叛乱前后，大唐另一位节度使史思明也遥相呼应，因此这场长达八年，导致大唐国力由盛转衰的动乱，史称“安史之乱”。

安史之乱初期，大唐确实陷入了一场巨大的混乱之中，不仅仅是唐朝军队，包括各地被安禄山和史思明大军蹂躏的百姓，都死伤惨重。

幸好大唐疆域广，底子厚，回旋空间大，而安禄山在经过了初期快速的攻城略地后，也成了强弩之末，以太子李亨为首的大唐将帅，重整兵马，逐步夺回失地，长安、洛阳等重要城池重回唐军的控制之下。

这时的李白，正带着家人在庐山躲避战火，他无时无刻不在关注着时局的发展。李亨很机灵，他就任天下兵马大元帅一职后，没过多久，不等老爸玄宗皇帝同意，自己直接宣布登基即位，是为唐肃宗。

远在四川的玄宗皇帝，一下子蒙了，一夜之间自己竟然成了太上皇，还是自动升级的，不当也不行，那股憋屈劲儿就别提了。

随着新的大唐天子的出现，大唐军队重整旗鼓，开始对叛军发起反击。

大唐王朝在经历了数年动荡不安之后，终于稍稍安定了下来。

这天，在李白的住处，来了一位访客，名叫韦子春。他是李白的旧相识，现在在永王李璘的手下担任司马一职，跟着永王吃香的喝辣的，混得很不错。

韦子春听说李白在庐山避难，就奉永王的命令，亲自过来拜访他，希望李白能出山辅佐永王，如果李白同意，泼天的富贵马上就会降临到李白的头上。

怎么突然冒出来一个永王李璘了呢？原来玄宗逃往蜀地时，下了一道旨意，任命太子李亨为天下兵马大元帅，领朔方、河东、河北诸道兵马；永王李璘则为山南东道、岭南、黔中、江南西道节度都使，负责攻略长江流域。

玄宗皇帝的安排倒不错，两个儿子各掌兵马，相互牵制，他也就高枕无忧了。谁知道太子李亨不按常理出牌，抓住机会直接登基称帝，丝毫没把玄宗皇帝的诏命当回事。

李亨登基了，永王李璘心里很不服气，手握军权的他也有了非分之想，于是四处延揽人才为己所用。而李白此时近在庐山，就这样进入了永王的视线之内。

当然，对于宫廷内的明争暗斗，父子玩心眼儿，兄弟搞对立，李白一无所知。他天真地以为永王爱惜有才华的人，自己才学出众，声名远播，因此才被永王邀请。

韦子春也特别能说会道，上来就给李白画了一张大饼，狠狠夸了李白一通，说永王太倾慕李白了，李白如果能抓住这次机会，跟随永王建功立业，平定叛军，前程不可限量。

有时候人太寂寞了不是一件好事，李白大半生郁郁不得志，这次机会来了，而且还是皇子亲自派人邀请，他一下子激动了起来，这机会太难得了呀！不给面子说不过去，必须出山辅佐永王！

不过出于谨慎，想起当年差点儿跳进安禄山大坑里的糗事，李白表示自己要慎重考虑，至少需要和夫人宗氏商量一下。

韦子春也表示理解，便告诉李白

唐玄宗：好儿子，老爸没白疼你，还尊寡人为太上皇。
唐肃宗：老爸，对不起了，我也想过把皇帝瘾。

不急，等考虑清楚了，永王这里的大门随时向他敞开。

送走了韦子春，李白兴冲冲地找到夫人宗氏，将事情的前后经过说了一遍，想要听听贤内助的看法。

宗氏听了，陷入沉思。虽然从表面上看，李白把这次机会描述得非常美好，不过她总是隐隐感觉哪里不对劲儿，虽然说不上来究竟哪里有问题，但就是感觉心神不宁。所以思前想后，最后她明明白白告诉丈夫，还是安安静静、幸幸福福、健健康康就好，一家人过着温馨的小日子不好吗？为什么非要抓住“建功立业”的心思不放呢？

再说了，李白现在都五十多岁了，已经奔六的人了，一把年纪的小老头儿，他还有多少精力去折腾呢？平平安安多活两年不好吗？

面对夫人的劝解，李白不以为意。他认为既然命运女神垂青了他，他就得伸手抓住，错过了这个村就没有了这个店了。

李白为了说服宗氏，他强调自己劲头儿满满，不单单是为了功名富贵，平定叛军、安定社稷，才是他最大的理想追求。

看到丈夫的执拗劲儿又上来了，宗氏也不好再说什么。李白愉快地决定，过了年就去永王那里报到上班。

新年刚过，大年初五，韦子春就带着崭新的官服，抬着轿过来迎接李白上班。

李白兴高采烈，喜气洋洋地换了官服，一边的宗氏却悄悄抹着眼泪，一副欲言又止的样子。李白这时也顾不上那么多了，轻轻挥手告别夫人，和韦子春一起启程出发。

临行前，诗兴大发的李白，还写了一首《赠韦秘书子春》，念给韦子春听。

徒为风尘苦，一官已白须。

气同万里合，访我来琼都。

披云睹青天，扪虱话良图。

留侯将绮里，出处未云殊。

终与安社稷，功成去五湖。

好了，美好的未来就在不远处，出发！

李白来到永王李璘驻扎在浔阳的军营后，受到了永王的盛情款待。李白一边喝酒，一边看着盔明甲亮的大唐将士，想想很快就能跟随永王干出一番惊天动地的大事业来，心情老激动了。

大军开拔，李白每天都在畅想着美好的未来，他不知道的是，这看似大好的前程实际上从他下山的那一刻起，就注定了是一个巨大的陷阱。

唐肃宗登基后，看到弟弟有图谋不轨的迹象，就以皇帝的身份命令他老实点儿，最好去陪伴寂寞的太上皇玄宗皇帝，不然自己就不客气了。

永王李璘把唐肃宗的话当作耳旁风，继续我行我素。这下唐肃宗被彻底惹毛了，调动唐军发起行动。爱玩又菜的永王，没几下就被唐肃宗给打趴下了，堂堂一个皇子，最后落了一个兵败被杀的结局。

李白都蒙了，说得好好的，说是跟着永王平定叛军，怎么兄弟两人

打起仗来了？好在李白反应机灵，没有死于乱军之中。他见势不妙，扭头就跑，准备逃往庐山，不幸的是，半路上他被唐肃宗的部队给抓住了。

李白想为自己分辩，当兵的才不听他解释，“咣当”一声把他关进了浔阳的一处牢房里。这位大才子一下子成了一名阶下囚，头上还顶着“附逆作乱”的大帽子。

李白感到很委屈，自己什么都不知道，也不清楚唐肃宗他们兄弟反目的内情，怎么就突然之间成了反贼了呢？

永王李璘：哥哥也太狠了，一点儿活下去的机会都不给。

李白：怎么又跳进火坑里了？这一辈子真不容易，步步是陷阱。

不行，我冤枉，我要申诉，我要证明自己的清白！被关在监狱里的李白，一有时间就为自己写申辩状，试图洗清身上的冤屈。

夫人宗氏得知老头子被关在了监狱里，又是气又是心疼，这就是执拗不听劝的结果，但不管如何，当务之急是把李白从监狱里救出来。

为了营救李白出狱，宗氏也没少出力气。她四处奔波，各方喊冤，奈何李白头上“附逆作乱”的帽子太大了，没人敢为李白求情，一个个躲得远远的。

当李白和宗氏快要绝望时，转机出现了。唐肃宗得知弟弟永王李璘死于乱军之中，假惺惺地掉了几滴眼泪，说他这个弟弟只是有点儿不懂事，其他大的坏毛病没有，图谋叛乱什么的更是子虚乌有。好了，既然人都死了，他这个当哥哥的就更不好追究了，这事就这么翻篇吧！

解铃还须系铃人。老大一发话，那些跟随永王的人也就平安无事了，李白手无寸铁，只是一个读书写诗的文人，也没有什么十恶不赦的罪行。就这样，坐了半年牢的李白，被无罪释放。

刚刚恢复了自由之身，李白还没来得及高兴几天，突然又传来一声霹雳，不知道是什么原因，唐肃宗对李白很恼火，宣布李白死罪可免，活罪难逃，把李白发配到夜郎这个偏远的地方，要他尝尝受苦的滋味。

好了，李白又成了阶下囚，回去接着蹲大牢，只等官府腾出时间来，就派人押送他前往夜郎。

李白蹲大牢期间，唐肃宗、唐玄宗先后还都长安，安史之乱也被彻底平定了。听到这个消息，李白的心情略微好了一些，好久没有写诗了，心情平复下来，他竟有了写诗的冲动。

好在狱卒还不错，为李白提供了笔和墨。李白酝酿了一下感情，直接提笔在牢房的墙上写下了《上皇西巡南京歌十首》。

其一

胡尘轻拂建章台，圣主西巡蜀道来。

剑壁门高五千尺，石为楼阁九天开。

其二

九天开出一成都，万户千门入画图。

草树云山如锦绣，秦川得及此间无。

其三

华阳春树似新丰，行入新都若旧宫。

柳色未饶秦地绿，花光不减上阳红。

其四

谁道君王行路难。六龙西幸万人欢。

地转锦江成渭水，天回玉垒作长安。

其五

万国同风共一时，锦江何谢曲江池。

石镜更明天上月，后宫亲得照蛾眉。

其六

濯锦清江万里流，云帆龙舸下扬州。

北地虽夸上林苑，南京还有散花楼。

其七

锦水东流绕锦城，星桥北挂象天星。

四海此中朝圣主，峨眉山下列仙庭。

其八

秦开蜀道置金牛，汉水元通星汉流。

天子一行遗圣迹，锦城长作帝王州。

其九

水绿天青不起尘，风光和暖胜三秦。

万国烟花随玉辇，西来添作锦江春。

其十

剑阁重关蜀北门，上皇归马若云屯。

少帝长安开紫极，双悬日月照乾坤。

一口气写了十首诗，李白是在夸唐玄宗吗？当然不是，表面上，李白将玄宗皇帝夸成了一朵花，说他是一个能享福的好皇帝。实际上，李白的这些诗中，每一首都是对玄宗皇帝无声的嘲讽，说他正事不干，国事不理，才导致安史之乱的爆发，大唐衰落的罪魁祸首就是玄宗皇帝。

不过李白写得很隐晦，寻常人根本读不懂李白诗句背后的意思，这也是李白敢堂而皇之公之于众的原因。

公元 758 年的春天，李白被发配夜郎的正式命令下来了。这一年，李白五十七岁，他踉踉跄跄地跟着押解他的狱卒上路了。

庆幸的是，作为大唐诗坛的领军人物，李白名闻天下，因此他一路上倒也没受什么罪。每到一处，当地的官员都会出面迎接他，好吃好喝好招待。如果对方是李白的粉丝，还会请他小住一段时间，朝廷对此也是睁一只眼闭一只眼，只要不太过分就行。

因此，他从浔阳出发，直到当年冬天，才走到三峡地区。险峻转折的三峡，万古奔腾不息的长江，让李白感慨不已。他望着滔滔奔涌的长江水，吟诵出了一首《上三峡》。

巫山夹青天，巴水流若兹。
巴水忽可尽，青天无到时。
三朝上黄牛，三暮行太迟。
三朝又三暮，不觉鬓成丝。

时光流转，冬去春来，李白来到了白帝城，夜郎距离这里不远了。正当李白为自己的命运感伤时，突然传来了一个好消息，因为天下大旱，唐肃宗下旨大赦，罪行只要不是太严重的犯人，都可以恢复自由之身，李白也在大赦的名单中。

这真是天大的好消息，李白原以为自己这一辈子就得终老夜郎了，没想到还有柳暗花明的一天。兴奋的李白迫不及待地坐上了返程的小船，这时轻舟再从三峡经过，李白的心情和去年冬天大不相同，激动得难以压抑，便挥笔写下了《早发白帝城》这一千古名篇。

在李白留存后世的数百首诗中，《早发白帝城》一直为人们所熟知，也是许多孩子启蒙时必背的篇目之一。只是谁会想到，诗中洋溢着快乐心情的李白，前不久还是一名被朝廷流放的犯人呢？

流放归来，李白最为惦记的好友之一便是杜甫。从被捕入狱后，李白就和杜甫断了联系，他的这位知己如今过得怎么样呢？

恰巧这一年的秋天，李白在巴陵郡偶遇了好友贾至和族叔李晔。当李白询问起杜甫的近况时，李晔告诉他，杜甫曾在朝廷担任过左拾遗的官职，不过后来被小人诬陷，降级贬官。因为对朝廷充满失望，杜甫干脆就辞官不做了。

其实在李白被抓进大牢前后，辞官的杜甫得知消息后心急如焚，然而此时的他连自身都难以保全，想要营救李白更是有心无力。

李白听了连连叹息，他和杜甫都是性情耿直之人，像他们这样的人很难在大唐昏暗的官场上待下去，所以两人最终也就只能选择辞官这一

条路了。

令李白欣慰的是，杜甫也始终没有忘记他这位好友。得知李白大赦归来，杜甫急忙写信给李白。

李白收到信件时，恰恰是和李晔他们相聚的时候。在信中杜甫不仅对李白嘘寒问暖，还附了一首《梦李白》的诗作。

浮云终日行，游子久不至。
三夜频梦君，情亲见君意。
告归常局促，苦道来不易。
江湖多风波，舟楫恐失坠。
出门搔白首，若负平生志。
冠盖满京华，斯人独憔悴。
孰云网恢恢，将老身反累。
千秋万岁名，寂寞身后事。

什么样的人是真正的朋友？杜甫就是最好的代表，他和李白肝胆相照，惺惺相惜，在诗坛上留下了一段佳话。

第九章
一代传奇谢幕

前前后后的牢狱和流放风波，让李白的小家庭元气大伤。家里仅有的一点儿积蓄，都被折腾得差不多了。最困难的时候，一家人的生计都成了问题，而李白不事稼穑，几乎没有任何经济来源。

面对家道衰落的现状，一辈子精明强干的宗氏也无能为力。李白过完了六十寿辰，无奈地看着一家老小生计艰难，他只得再次踏上云游的道路，希望能够从各地做官的故友亲朋那里得到一些照顾，顺便赚些生活费。

李白先是来到了鄱阳湖东的建昌县，他和这里的县令有一些交情，这位县令为人也不错，不仅盛情款待了一番李白，临别前，还送了李白一些银两。对于生活困顿的李白来说，这些银子真是来得太及时了。

不久后，李白来到了金陵，正巧浙江节度副使李藏用作战归来，路过金陵。金陵的官员们为李藏用接风洗尘，需要一名会写序文的人，有人就推荐了李白。

宴会上，到了李白展现自身才华的时候了，有人担心李白会当众出丑，因为这时的李白已经过了花甲之年，这样一把年纪，脑子是不是锈了呢？他还能写出一篇文采飞扬的文章吗？

李白丝毫不理会众人的非议，他持杯在手，一饮而尽，尔后提笔刷刷点点，很快一篇《饯副大使李藏用移军广陵序》的雄文便新鲜出炉了。

“……我副使李公，勇冠三军，众无一旅。横倚天之剑，挥驻日之戈……上可以决天云，下可以决地维。翕振虎旅，赫张王师，退如山立，进若电逝。转战百胜，僵尸盈川。水膏于沧溟，陆血于原野。一扫瓦解，洗清全吴。可谓万里长城，横断楚塞……”

李白高声朗读起来，在座的宾客无不点头称赞，看来李白依然是宝刀未老啊。这文采，这气势，真的是“飞流直下三千尺”，听着就荡气回肠。

李藏用听着也非常满意，小眼睛都快眯成一条缝儿了，怎么从来没有发现自己如此优秀呢？今天让李白写文章这么一夸，李藏用顿时变得更加自信了，看来好文章就好比是女人的胭脂，粉饰一番，抹一抹就漂亮多了。

李藏用一高兴，就让李白跟在自己身边充当幕僚，至于费用的事情，不用李白多担心，他不会亏待李白的。

李藏用确实说到做到，他对李白很不错，也舍得花银子，缺什么只管说，很快李白的腰包便鼓了起来。李白暂时不需要为钱而苦恼了。

阔绰了几个月的李白，突然又坐不住了，原来安禄山、史思明的余部又蠢蠢欲动，大有死灰复燃的架势，朝廷命兵马大元帅李光弼出征，主攻目标是睢阳。

睢阳这个地方刺痛了李白的神经，除了蜀地青莲乡和湖北安陆之外，睢阳可能是李白居住最久的地方了，他的许多美好回忆都和睢阳有关。

一念至此，李白就有些蠢蠢欲动了，他当即就要前往睢阳前线，跟随在李光弼左右，文可以出谋划策，武可以上阵杀敌。

对于自己想要去做的事情，有些人想想也就算了，李白却言出必行，想到了就要去做。他是天生乐观的行动派，不问结果，先做了再说。

为了这次行程，李白做了十足的准备，又是买衣服，又是购宝马，把自己装扮得像一个充满朝气的帅小伙儿，他收拾一番后就跨上战马出发了。

公允地说，李白心劲儿挺足，从不服老，也不认为自己已经老了。但事实上，岁月不饶人，无论怎样，李白都是一个六十出头的老人了，古时候六十岁已经能称得上是高寿了。花甲之年的李白就算心气儿再高，身体也禁不起这样的折腾，所以他出发没多久，就突然病倒了。

这一次生病，可不是什么感冒发烧之类，而是一场大病，严重到让李白一病不起。

李白在最初感到身体不舒服时，就预感到这次病魔来势汹汹，他停下了前往两军阵前的脚步，因恰好想起附近当涂县有一位名叫李阳冰的

族叔，于是赶忙前去投奔，顺带休息休息，养养身体，治治病。

李白这次的决定是正确的，他到了当涂，没几天就病到卧床不起，李阳冰一看吓坏了，花钱治病是小事，可不能让李白有个三长两短。

李阳冰确实不错，为了给李白看病，四处请医生。奈何医生都对李白的病情束手无策，一个个摇着头默默离开，甚至有人还悄悄告诉李阳冰，让他有心理准备，他这个大侄子很有可能迈不过这个坎了，早早准备后事为好。

李阳冰一听，更加愁眉苦脸了。他想来想去，最好还是把李白的家人叫过来，万一李白有个什么三长两短，有亲人在身边自然好多了。

就这样，夫人宗氏和李白的儿子伯禽也来到了当涂，每天照顾病重的李白。

一晃几个月过去了，李白没有什么好转的迹象，天天昏昏沉沉地躺在病床上。他也觉得自己大限不远了，看来这一次他的人生就要画上一个句号了。

这一天，李白将李阳冰请来，他伸手费力地握住李阳冰的手，虚弱不堪地对李阳冰说："老叔，侄儿看来过不去这个难关了，回想侄儿这一辈子，吃也吃了，玩也玩了，看也看了，大中国也差不多走了一大半，没有什么好遗憾的。"

李阳冰一听，李白这话语里的味道怎么有点儿不对头，像是在交代后事一般。他急忙阻止李白继续说下去，安慰说，李白的身子骨还不错，过了冬天，冬去春来就会好转，别想太多，自己吓自己。

李白不信，摇着头继续交代后事，他把自己历年来的诗稿交给李阳冰保管，万一哪天他走了，如果有机会，就请李阳冰将他的诗稿传之于后世，这是他一辈子的心血，要是失传了就太可惜了。

李阳冰感觉李白真是越说越离谱儿，又不是马上就咽气，非要把气氛搞得这么压抑干吗？旁边的宗氏也在悄悄抹着眼泪，仿佛下一秒李白就会驾鹤西游一般。

李白可不管气氛的好和坏，他求李阳冰还要帮他办一件大事，把自己的生平概要记下来，万一将来有人为李白写个传记什么的，就不用太

费心查资料了，李阳冰记录下来的李白生平简略就是权威资料。

李白的这个要求也不过分，也就是动动笔，组织组织语言的事儿，所以两人当场开始行动，李白口述，李阳冰记录，记录完成后，李阳冰回去再经过一番用心加工，润润色，很快就整理出《草堂集序》这样一篇有关李白生平概略的文章。

李白，字太白，陇西成纪人，凉武昭王李暠九世孙。蝉联珪组，世为显著。中叶非罪，谪居条支，易姓为名。然自穷蝉至舜，七世为庶，累世不大曜，亦可叹焉。神龙之始，逃归于蜀，复指李树而生伯阳。惊姜之夕，长庚入梦，故生而名白，以太白字之。世称太白之精，得之矣。

不读非圣之书，耻为郑、卫之作，故其言多似天仙之辞。凡所著述，言多讽兴。自三代已来，风骚之后，驰驱屈、宋，鞭挞扬、马，千载独步，唯公一人。故王公趋风，列岳结轨；群贤翕习，如鸟归凤。卢黄门云：陈拾遗横制颓波，天下质文翕然一变。至今朝诗体，尚有梁、陈宫掖之风。至公大变，扫地并尽。今古文集，遏而不行。唯公文章，横被六合，可谓力敌造化欤！

天宝中，皇祖下诏，征就金马，降辇步迎，如见绮、皓。以七宝床赐食，御手调羹以饭之，谓曰："卿是布衣，名为朕知，非素蓄道义，何以及此？"置于金銮殿，出入翰林中，问以国政，潜草诏诰，人无知者。丑正同列，害能成谤，格言不入，帝用疏之。公乃浪迹纵酒，以自昏秽。咏歌之际，屡称东山。又与贺知章、崔宗之等自为八仙之游，谓公谪仙人，朝列赋谪仙之歌，凡数百首，多言公之不得意。天子知其不可留，乃赐金归之。遂就从祖陈留采访大使彦允，请北海高天师授道箓于齐州紫极宫，将东归蓬莱，仍羽人，驾丹丘耳……

李阳冰完稿后，拿着《草堂集序》在病床前读给李白听。李阳冰声情并茂、抑扬顿挫的一番朗读，竟然把李白感动哭了。写得太好了，真实感人，情真意切，李白一边听，一边哭，哭得稀里哗啦，涕泪横流，差点儿昏迷过去。

李阳冰读着读着，突然感觉不对劲，他扭头一看，发现李白哭得上气不接下气，快要背过气了，吓得他赶忙停止了朗读，劝说李白躺下睡了。

转眼又一个春天来了，李白的病情正如李阳冰所说的那样，竟然奇迹般好转起来。这病情真是来得奇怪，去得奇妙。

李白自己也觉得不可思议，明明都交代好了后事，这下搞得挺尴尬，感觉自己活不够，还要再多活几天似的，太不好意思了。

不管怎么说，李白的病情是慢慢好转了，他可以一口气喝上几碗粥，天气好的时候，也能拄着拐杖在院子里散散步，赏赏景。《游谢氏山亭》就是在这样的背景下写出来的。

沦老卧江海，再欢天地清。
病闲久寂寞，岁物徒芬荣。
借君西池游，聊以散我情。
扫雪松下去，扪萝石道行。

谢公池塘上，春草飒已生。
花枝拂人来，山鸟向我鸣。
田家有美酒，落日与之倾。
醉罢弄归月，遥欣稚子迎。

心情好了就是不一样，笔下的文字也充满了轻松的味道。病情好转之后，李白摸摸口袋里，又没有多少银子了，而且这次还多亏了李阳冰慷慨解囊，不然像他这么穷困潦倒，这一段日子里，恐怕连大米粥都喝不上了。

不能总是麻烦人家李阳冰，大家都要养家糊口，谁也不容易。没办法，为了生计，李白只好离开当涂，来到了宣城，看看有没有谋生的渠道。

在宣城当刺史的人叫季广琛，曾是永王的部下，当年和李白也认识。李白想着凭借这份老交情，对方多少也会照应一下，于是就兴冲冲地跑去投奔他，想要在季广琛的手下谋一个差事。

对于李白的到来，季广琛先是吓了一跳，不过很快镇定了下来。他快步迎了出来，表面上对李白很客气，当面哥哥长、哥哥短地叫个不停，热情得不得了，一度迷惑了李白，以为这个老弟够实在，是个值得交往的实诚人。

实际上，季广琛并不欢迎李白，他认为李白曾经是朝廷罪犯，又一大把年纪了，留在自己身边不仅没有什么用，而且还是一个不小的累赘。因此酒足饭饱后，季广琛封了一点儿银子递给了李白，脸上挤出一个尴尬的笑容。

李白先是一愣，随后明白了对方的意思，这是摆明赶自己走啊！潜台词就是饭也吃了，银子也给了，赶快走人。

虽然一肚子怒火，有一种友情被欺骗了的感觉，不过李白很快冷静下来，自己眼下的这般处境，换作其他人，也未必比对方做得更好，这就是典型的人情冷暖，没什么情义可讲。

告别了季广琛，李白漫无目的地在宣城的地界四处游历。这天，他夜宿五松山下。夜深人静，万籁俱寂，李白思绪万千，愁肠百结，他回忆着自己往昔岁月的种种，不由悲从中来，无意之中一首《宿五松山下荀媪家》脱口而出。

我宿五松下，寂寥无所欢。

田家秋作苦，邻女夜舂寒。

季广琛：来，拿点钱，路上别饿着，我这庙小，容不下你这尊大佛。
李白：日久见人心，我算是看明白了，心塞。

跪进雕胡饭，月光明素盘。

令人惭漂母，三谢不能餐。

宣城曾带给李白许多美好的回忆，只是如今物是人非，繁华的大唐经历了兵戈四起的年代，早已成了明日黄花，一切如洪水冲刷过一般，入目所见，处处是凋零衰败的景象，了无生机。

天地之大，竟然无处可去。李白静静地伫立着，虽然气温不算低，但他心里起了阵阵凉意，一个个好友或调任，或迁徙，或在兵荒马乱中不知所终，不知道好友纪叟还在不在呢？

李白在宣城的朋友，他能想到的，也觉得最有可能联系上的，就是这个可爱的小老头儿了，纪叟亲手酿制的美酒，成了李白失意人生最大的安慰。

李白对此很自信，别人是否欢迎自己，他没把握，但纪叟绝对不会把他当外人。

于是，李白满怀希望地四处打听对方的下落。说意外也不算意外，李白的希望再一次落空了，纪叟早已经去世多年，荒坟萋萋，与他阴阳两隔。

纪叟的离去，成了压垮李白的最后一根稻草。他流着眼泪，写了一首《哭宣城善酿纪叟》。

纪叟黄泉里，还应酿老春。

夜台无晓日，沽酒与何人？

宝应元年（762）的一天深夜，明月在天，皎洁的月光洒落江面上。不知何时，蜿蜒曲折的长江边上，一位两鬓斑白的老人正踉踉跄跄走来。

他踏月而歌，音调苍凉悲切，好似在倾诉一生的坎坷，生不逢时，命运多舛。正如李白的远祖李广一样，空有满腔抱负，只是大志难伸，命运女神总是和他开着不大不小的玩笑，一次次阴差阳错，以至于后世留下“冯唐易老，李广难封”的历史典故。

李白的一生何尝不是如此呢？他痛苦过，矛盾过，孤独过。他心心念念想要步入仕途，以平生所学报效朝廷，然而蹉跎半生，他遇到的是早已丧失了进取之心的玄宗皇帝。他满腹才华，只能沦落为皇帝身边写诗填词的御用文人，干一些锦上添花的事情。

这不是李白想要的人生。他想要的是像宰相张九龄一样，既能以诗文动天下，又能在宰相的位置上长袖善舞，让一腔志向得以施展，以相国之尊名垂青史。

或许真的是生不逢时吧，如果早几年被玄宗皇帝赏识，或者晚生几年得遇明主，大展拳脚，李白的人生或许会多一些异样的光彩。

不过，无论如何，李白来过，经历过，他领略了大唐盛世的绚烂辉煌，他见证了那个时代的所有荣光，从这个角度上看，他是幸运的。

他出生的那一年，正是大唐国力的上升期，他的青少年时代，大唐也来到了开元盛世的巅峰期。在中国长达两千多年的封建社会中，能够和开元盛世相媲美的时代少之又少，有的能够比肩开元盛世经济上、国力上的繁荣，却少了盛唐自由开放、包容并蓄的雍容气度；有的能够媲美盛唐文学上的昌盛与繁荣，但少了盛唐社会经济欣欣向荣的发展态势。李白和他所身处的盛唐，历史上只有一个，也只会有一个。这个气度恢宏的时代，在封建王朝中是绝版的存在。

在李白坎坷起伏的人生剧本里，他也有自己的高光时刻，“自称臣是酒中仙”“李白一斗诗百篇”，他在玄宗皇帝跟前挥毫泼墨，杨贵妃为他亲手磨墨，高力士为他低眉脱靴，这是何等的荣耀。

他看清了朝廷的昏暗后，立即潇洒地转身，“安能摧眉折腰事权贵，使我不得开心颜？”这份傲骨和洒脱，古往今来又有几人能够做得到呢？

李白，就是李白，也只能是李白，人世间来来往往，百代过客，李白只有一个，无人能复制他传奇的一生，世人只能默默仰望大唐诗坛的星空，指着那最为璀璨的一颗，对身边人说：“快看，那个就是李白，我们最为仰慕的大诗人。”

一千多年过去了，李白早已不在这个江湖，但江湖上还处处流传着他的传说。无论时间有多大的魔力，让世间的人和事都蒙上了一层轻尘，李白这位天纵奇才的大诗人，都会鲜活地长存于世人心中。

李白走了，走完了他传奇的一生。对于李白的死，历来众说纷纭，有的说李白常年饮酒，加上年事已高，或是醉死，或是因为饮酒而导致身体出现了问题，病重去世。

《旧唐书》上记载李白的死因时写道：“李白以饮酒过度，醉死于宣城。”

唐代诗人皮日休在一首诗中谈到李白的死因时写道：“竟遭腐胁疾，

醉魄归八极。”有人经过考证，说诗中的这个“腐胁疾”，就是因为喝酒导致的一种不治之症。

还有一种说法，说是李白喝醉了之后，看到江面上晃动的月亮，他下意识地跳进水里捉月，终因体力不支，不幸溺亡。

李白醉酒捉月也是目前流传最广的一种说法。可能人们更愿意接受这一说辞，被世人称为“诗仙”的他，为人洒脱不羁，做事不循常理，因醉酒捞月而突然离世，更为李白披上了一层浪漫朦胧的色彩。

令人唏嘘的是，在李白去世两年多之后，命运又一次对他施展了黑色幽默。唐代宗李豫突然心血来潮，要求各地官员从民间推选有才能、

有贤德的人士出来做官，为大唐所用。

这一次，李白不用奔波，也无须和在朝的权贵套近乎，不费吹灰之力，就被推荐了上去。只是当朝廷派人四方寻找李白时，才得知他早已仙逝。

“人事有代谢，往来成古今。”李白的离去，使大唐诗坛少了一位宗师。他存在于人世间时，很少有人认识到他的伟大，时人常常把他当作一位堂·吉诃德式的人物，为了所谓的人生理想而奔走一生，年逾花甲依然雄心不老，仍想跟随李光弼平定叛军，建功立业。这种纯粹的理想抱负，没有任何功利性的行为举止，在世人看来却有几分痴和愚。

然而，当李白真的离去了，随着时光的流逝，更多的人才越来越清晰地感受到李白身上所展现出来的那种毫无矫揉造作的真性情。他坦荡、可爱、率真，待人以诚；他坚强执着，敢想敢做，心怀梦想，矢志不移；他豪情仗义，视钱财如粪土。那种“天生我材必有用，千金散尽还复来”的洒脱与乐观，千百年来，依然充满深深的感染力量。

这就是李白，一位浑身上下散发着独特魅力的诗人，一个中国文学史上永远也绕不过去的文化符号，一颗照耀了整个诗坛星空的“启明星”。